池田名誉会長が贈る指針

希望の新時代は我らの農漁村から

聖教新聞社

発刊に寄せて

創価学会名誉会長

朗《ほが》らかに
いのちの讃歌《さんか》の
農漁村《のうぎょそん》
閻浮一《えんぶいち》なる
心の長者《ちょうじゃ》よ

私たちが信奉《しんぽう》する日蓮大聖人は、ご自身の出発点について、晴れ晴れと「遠国《おんごく》の者《もの》・民《たみ》が子《こ》」（御書一三三二ページ）、「海人《あま》が子《こ》なり」（同三七〇ページ）、「安房《あわ》（今の千葉県）の国《くに》・海辺《うみべ》の旃陀羅《せんだら》が子《こ》なり」（同八九一ページ）と宣言《せんげん》なされました。

庶民《しょみん》の大地、民衆《みんしゅう》の大海原《おおうなばら》から、一切衆生《いっさいしゅじょう》の苦悩《くのう》に同苦《どうく》され、万人《ばんにん》の一生成仏《いっしょうじょうぶつ》という幸福と平和の大道を開いていかれたのです。

我《われ》らが創価の父・牧口常三郎先生も、日本海に臨《のぞ》む新潟県の「荒浜《あらはま》の一寒民《いちかんみん》」として生まれ育ったことを毅然《きぜん》と記《しる》されています。

恩師《おんし》・戸田城聖先生は、石川県の漁村《ぎょそん》に生まれ、北海道に渡《わた》って「荒海《あらうみ》」「海荒《うみあれ》の浜《はま》」との意義《いぎ》を持つ「厚田《あつた》」で育った原点を誇《ほこ》りとされました。

私も、東京湾《わん》の貧《まず》しき海苔屋《のりや》の息子《むすこ》です。

大聖人に直結《ちょっけつ》する創価の三代は、皆《みな》、生命を育《はぐく》み支《ささ》える海辺《うみべ》の農漁《のうぎょ》村《そん》の出身であること、すなわち「農漁光部《のうぎょこうぶ》」の一員であることを、無《む》上《じょう》の誉《ほま》れと強く自負《じふ》してきました。

だからこそ、気取《きど》らず、飾《かざ》らず、ありのままの庶民《しょみん》として、人間の中に飛《と》び込《こ》んで、生命の真髄《しんずい》を明かした民衆仏法《みんしゅうぶっぽう》を弘《ひろ》める戦《たたか》いを起こせたのです。だからこそ、辛抱《しんぼう》強《づよ》く、忍耐《にんたい》強く、御聖訓《ごせいくん》に説《と》かれる三《さん》障四魔《しょうしま》との戦いも、乗《の》り越《こ》え、勝ち越えることができたのです。

創価の師弟《してい》は、永遠《えいえん》に民衆《みんしゅう》の側《がわ》に立ちます。その「柱《はしら》」であり、「眼目《がんもく》」であり、「大船《たいせん》」であるのが、我《われ》ら農漁光部《のうぎょこうぶ》なのです。

思えば、伊豆流罪《いずるざい》の折《おり》、日蓮大聖人をお守りしたのは、漁師《りょうし》の船守《ふなもり》弥三郎《やさぶろう》夫妻《ふさい》でした。佐渡《さど》流罪の時、大聖人の弟子となり、命懸《いのちが》けでお仕《つか》えしたのも、この地で農業を営《いとな》む方々《かたがた》です。

熱原《あつはら》の法難《ほうなん》の際《さい》、権力《けんりょく》の大迫害《だいはくがい》に屈《くっ》せず、生命を賭《と》して正義《せいぎ》の信仰《しんこう》を貫《つらぬ》き通《とお》したのも、三烈士《さんれっし》をはじめとする農民《のうみん》の勇者《ゆうしゃ》でした。

いうなれば、わが農漁光部《のうぎょこうぶ》の大先輩方《だいせんぱいがた》の勇気《ゆうき》と信念《しんねん》の振《ふ》る舞《ま》いにこそ、今日《こんにち》にまで流れ通《かよ》う「師弟不二《していふに》の源流《げんりゅう》」があると言っても、決して過言《かごん》ではないでしょう。

創価学会の草創《そうそう》以来《いらい》、旧習深《きゅうしゅうぶか》い農漁村《のうぎょそん》地域《ちいき》で、決然《けつぜん》と広宣《こうせん》の旗《はた》を掲《かか》げられた父母たちの労苦《ろうく》は、とうてい筆舌《ひつぜつ》に尽《つ》くすことはできません。

集落中《しゅうらくじゅう》から、経文《きょうもん》さながらに悪口罵詈《あっくめり》を浴《あ》びせられ、折伏《しゃくぶく》に歩けば、塩《しお》をまかれ、水をかけられました。村八分《むらはちぶ》の陰湿《いんしつ》ないじめや、人権蹂《じんけんじゅう》躙《りん》の卑劣《ひれつ》極《きわ》まる排斥《はいせき》デモに苦しめられた地域《ちいき》もあります。

それでも、創価の地涌《じゆ》の菩薩《ぼさつ》たちは一歩も退《しりぞ》きませんでした。悔《くや》し涙《なみだ》で題目を唱《とな》え、「御書に仰《おお》せの通《とお》りだ！」と苦難《くなん》に耐《た》え、負《ま》けじ魂《だましい》を燃《も》え上《あ》がらせました。「いつか必《かなら》ず分かる時が来《く》る！」と、地域《ちいき》の繁栄《はんえい》を一心《いっしん》に祈《いの》り、誠心誠意《せいしんせいい》、貢献《こうけん》の行動を積《つ》み重《かさ》ねてきたのです。

今、農漁光部《のうぎょこうぶ》の一人一人が、それぞれの地域《ちいき》にあって「なくてはならない存在《そんざい》」として活躍《かつやく》されています。あの時、流した汗《あせ》と涙《なみだ》は、広《こう》布《ふ》と人生の黄金《おうごん》の歴史《れきし》となっています。

農漁光部《のうぎょこうぶ》は、勝ちました！　皆様《みなさま》は断固《だんこ》として勝ったのです！

一番、苦労《くろう》した人が、一番、幸福になる。これが、大聖人の仏法《ぶっぽう》です。御書に「陰徳《いんとく》あれば陽報《ようほう》あり」（御書一一七八ページ）、「冬は必《かなら》ず春となる」（同一二五三ページ）とお約束《やくそく》の通《とお》りです。農漁光部《のうぎょこうぶ》の宝《たから》の同志《どうし》は、この仏法の絶対勝利《ぜったいしょうり》の法則《ほうそく》を、先頭《せんとう》に立って示《しめ》し抜《ぬ》いていく証明者《しょうめいしゃ》なのです。

日蓮仏法《ぶっぽう》は、いかなる絶望《ぜつぼう》の闇《やみ》も打《う》ち破《やぶ》って昇《のぼ》りゆく希望《きぼう》の太陽です。正嘉《しょうか》の大地震《おおじしん》など絶《た》え間《ま》ない大災害《だいさいがい》に苦悶《くもん》する民衆《みんしゅう》のために、「立正安国《りっしょうあんこく》」の大光《たいこう》は赫々《かっかく》と放《はな》たれました。

広宣流布《こうせんるふ》の暁《あかつき》の世界を示《しめ》された「如説修行抄《にょせつしゅぎょうしょう》」には仰《おお》せです。

「万民一同《ばんみんいちどう》に南無妙法蓮華経と唱《とな》え奉《たてまつ》らば吹《ふ》く風《かぜ》枝《えだ》をならさず雨《あめ》壌《つちくれ》を砕《くだ》かず、代《よ》は義農《ぎのう》の世《よ》となりて今生《こんじょう》には不祥《ふしょう》の災難《さいなん》を払《はら》ひ長生《ちょうせい》の術《じゅつ》を得《え》、人法共《にんぽうとも》に不老不死《ふろうふし》の理《ことわり》顕《あらわ》れん時《とき》を各各御覧《おのおのごらん》ぜよ現世安穏《げんせあんのん》の証文《しょうもん》疑《うたが》い有《あ》る可《べ》からざる者《もの》なり」（御書五〇二ページ）

「義農《ぎのう》の世《よ》」とは、中国古来《こらい》の伝説上《でんせつじょう》の帝王《ていおう》とされる「伏羲《ふっき》」と「神農《しんのう》」が治《おさ》めた世の中のことです。「伏羲」は網《あみ》を作って漁業《ぎょぎょう》を教え、

「神農」は鋤《すき》や鍬《くわ》を作って農業を教え、泰平《たいへい》の社会を築《きず》いたと伝《つた》えられます。

まさしく、全《すべ》ての民衆《みんしゅう》が平和と幸福を享受《きょうじゅ》するには、「食《しょく》」を生産《せいさん》する農漁業《のうぎょぎょう》が一切の土台《どだい》となります。私たちの生命の営《いとな》みは、「食」を生産する方々《かたがた》の尊《とうと》き尽力《じんりょく》によってこそ成《な》り立っているからです。

この一点において、農漁村《のうぎょそん》にこそ、最大《さいだい》の感謝《かんしゃ》と最敬礼《さいけいれい》が捧《ささ》げられるべきであります。これが、正しき「人間の道」であり、「生命の道」です。

私が第三代会長に就任《しゅうにん》して以来《いらい》、一貫《いっかん》して「豊作《ほうさく》であるように」「豊漁《ほうりょう》であるように」と真剣《しんけん》に祈《いの》り続《つづ》けてきたのも、この真情《しんじょう》からです。

二〇一一年三月、東日本大震災《だいしんさい》に襲《おそ》われた被災地《ひさいち》にあっても、わが農漁光部《のうぎょこうぶ》の皆様方《みなさまがた》は、言い知れぬ苦難《くなん》に立ち向かい、復興《ふっこう》への大闘争《だいとうそう》を開始されました。

そのあまりにも気高《けだか》い皆様《みなさま》の尊《とうと》き姿《すがた》は、日本全国、いな、全世界の希望《きぼう》となって光り輝《かがや》いています。それは、どんな災難《さいなん》にも、人間は断《だん》じて負《ま》けない、絶対《ぜったい》に打開《だかい》していくことができるという、偉大《いだい》な証明《しょうめい》の劇《げき》です。

私は、農漁光部《のうぎょこうぶ》の皆様《みなさま》を最大《さいだい》に信頼《しんらい》しております。

私の心は、いつも農漁光部《のうぎょこうぶ》の皆様《みなさま》と共《とも》にあります。

大聖人の御在世《ございせ》にあって、かの熱原《あつはら》の農民《のうみん》たちが、新たな民衆凱歌《みんしゅうがいか》の時代を開く起点《きてん》となりました。

そして今、創価の農漁光部《のうぎょこうぶ》が、「農漁村《のうぎょそん》ルネサンスの旗手《きしゅ》」として、

「食《しょく》の安全を担《にな》い立つ賢者《けんじゃ》」として、「地域社会《ちいきしゃかい》を照《て》らす灯台《とうだい》」として、生命尊厳《せいめいそんげん》の希望《きぼう》の新時代を勝ち開いていく時が来たと、声高《こえたか》らかに叫《さけ》んで、意義深《いぎぶか》き本書の発刊《はっかん》への祝福《しゅくふく》とさせていただきます。

不思議《ふしぎ》なる
地球《ほし》の恵《めぐ》みの
　　尊《とうと》さよ
豊作豊漁《ほうさくほうりょう》
　今日《きょう》も祈《いの》らむ

国連《こくれん》の「国際家族農業年《こくさいかぞくのうぎょうねん》」（＝二〇一四年）を記念《きねん》して――

農漁光部

スローガン

希望の新時代は
我《われ》らの農漁村から！

モットー

一、農漁村ルネサンスの旗手《きしゅ》たれ！
一、食の安全を担《にな》い立《た》つ賢者《けんじゃ》たれ！
一、地域社会を照《て》らす灯台《とうだい》たれ！

二〇一一年十二月三日

農漁光青年委員会 モットー

一、君よ、「生命の世紀」の先頭《せんとう》を走れ！

一、君よ、農漁村ルネサンスの旗《はた》を振《ふ》れ！

一、君よ、師弟の「光《ひかり》の道」を勝ち進め！

二〇〇九年二月十一日

目次

第5章 対談

第6章　スピーチ

表紙画　坂上楠生

凡例

一、本書は、『池田大作全集』、小説『新・人間革命』などの池田名誉会長の著作および「聖教新聞」に掲載されたスピーチ等の中から、農漁光部に関する指針を抜粋し、著者の了解を得て収録したものです。

一、引用文は、「ふりがな」を付したもの、現代表記に改めたものもあります。地名、名称等は当時のままとしました。

一、本文中、御書の引用は『新編日蓮大聖人御書全集』（創価学会版）により（御書　㌻）で表記しました。

一、編集注は（　）内の＝の後に記しました。

一、各編冒頭に表記した年月日については、各種会合は会合開催日、随筆、紀行は「聖教新聞」掲載日を記しました。

第1章

小説『新・人間革命』

小説『新・人間革命』第24巻より

灯台

（抜粋）

この日（＝一九七三年十月二十四日）、東京《とうきょう》・両国《りょうごく》の日大講堂《にちだいこうどう》で行われた十月度本部幹部会《ほんぶかんぶかい》の席上《せきじょう》、社会本部に、社会部、団地部《だんちぶ》、農村部《のうそんぶ》（現在《げんざい》の農漁光部《のうぎょこうぶ》）、専門部《せんもんぶ》の四部の設置《せっち》が発《はっ》表《ぴょう》されたのである。

団地部《だんちぶ》は団地に住《す》む人びとの、農村部《のうそんぶ》は農《のう》・漁業等《ぎょぎょうとう》に従事《じゅうじ》する人びとの組織《そしき》である。専門部《せんもんぶ》は専門的な技能《ぎのう》・実力《じつりょく》をもち、社会《しゃかい》の中核《ちゅうかく》として重責《じゅうせき》を担《にな》う人びとの集《つど》いである。いずれも、

信心《しんじん》を根本《こんぽん》に、社会、地域《ちいき》に貢献《こうけん》していくことをめざして設置《せっち》されたものだ。

本来《ほんらい》、仏法《ぶっぽう》とは、人のため、社会のために尽《つ》くす、真《まこと》の人間《にんげん》の道《みち》を示《しめ》しているのだ。

社会部などが誕生《たんじょう》した一九七三年（昭和《しょうわ》四十八年）の十月度本部幹部会《ほんぶかんぶかい》では、翌《よく》七四年（同四十九年）の学会《がっかい》のテーマを「社会の年《とし》」とし、仏法の法理《ほうり》を広《ひろ》く展開《てんかい》し、社会建設《けんせつ》に取《と》り組《く》んでいくことが、満場一致《まんじょういっち》で採択《さいたく》された。第四次中東戦争《ちゅうとうせんそう》によって、石油価格《せきゆかかく》は急上昇《きゅうじょうしょう》し、世界《せかい》が不況《ふきょう》の暗雲《あんうん》に覆《おお》われようとしていた時のことである。

経済危機《けいざいきき》をもたらすのが人間ならば、その克服《こくふく》の道も、人間によって開かれるはずだ。

（中略）

山本伸一《やまもとしんいち》は、社会部《しゃかいぶ》のみならず、地域《ちいき》、社会に根《ね》を張《は》る社会本部《ほんぶ》の各部《かくぶ》メンバーを、徹底《てってい》して激励《げきれい》しようと、深《ふか》く心《こころ》に決めていた。その人たちこそが、広宣流布《こうせんるふ》という社会の繁栄《はんえい》を実現《じつげん》していく原動力《げんどうりょく》となるからだ。

この七七年（昭和《しょうわ》五十二年）の二月十七日、伸一は、全国《ぜんこく》の農村部《のうそんぶ》、団地部《だんちぶ》の代表《だいひょう》メンバーが創価文化会館内《ぶんかかいかんない》の広宣《こうせん》会館に集《つど》って開催《かいさい》された、第一回「農村・団地部勤行集会《ごんぎょうしゅうかい》」に出席《しゅっせき》した。

旧習《きゅうしゅう》の深《ふか》い地域《ちいき》で奮闘《ふんとう》する農村部《のうそんぶ》の友《とも》を、また、人間関係《にんげんかんけい》が希薄《きはく》になりがちな団地《だんち》で信頼《しんらい》と友好《ゆうこう》を広《ひろ》げる団地部の友を、ねぎらい、讃《たた》え、励《はげ》ましたかったのである。

農村部と団地部が結成《けっせい》されたのは、社会部《しゃかいぶ》と同じく一九七三年（同四十八年）十月二十四日の本部幹部会《ほんぶかんぶかい》の席上《せきじょう》であった。

この年《とし》、世界《せかい》は、深刻《しんこく》な食糧《しょくりょう》不足《ぶそく》に脅《おびや》かされていた。

前年《ぜんねん》の七二年（同四十七年）から七三年にかけて、ソ連《れん》、インド、中国《ちゅうごく》、東南《とうなん》アジア、オーストラリア、西《にし》アフリカ諸国《しょこく》などが旱魃《かんばつ》となり、カナダやヨーロッパは寒波《かんぱ》に襲《おそ》われた。また、アメリカのミシシッピ川流域《がわりゅういき》、バングラデシュは長雨《ながあめ》から洪水《こうずい》が発生《はっせい》するなど、異常気象《いじょうきしょう》が続《つづ》いたのである。これによって、各国《かっこく》の穀物《こくもつ》をはじめとする農産物《のうさんぶつ》に、甚大《じんだい》な被害《ひがい》が出たのだ。

七三年の十一月に開催《かいさい》されたＦＡＯ（国連《こくれん》食糧農業機関《のうぎょうきかん》）総会《そうかい》でも、同年の世界の食糧事情《じじょう》は、第二次《だいにじ》世界大戦《たいせん》の直後以来《ちょくごいらい》、最悪《さいあく》の事態《じたい》となったことが報告《ほうこく》されている。

世界的な穀物不足によって、七、八月、シカゴ商品取引所《しょうひんとりひきじょ》では、小麦《こむぎ》、大豆《だいず》、トウモロコシの相場《そうば》は、なんと一年前に比《くら》べ、二倍《ばい》から三倍という異常な高値《たかね》を記録《きろく》した。

日本は、米以外《こめいがい》の穀物《こくもつ》の大多数《だいたすう》を輸入《ゆにゅう》に依存《いぞん》してきただけに、小麦《こむぎ》、大豆《だいず》、飼料《しりょう》などの高騰《こうとう》は、食料品《しょくりょうひん》の値上《ねあ》げとなって、国内物価《こくないぶっか》に波及《はきゅう》し、国民生活《こくみんせいかつ》を圧迫《あっぱく》したのである。

天災《てんさい》という非常事態《ひじょうじたい》が生《しょう》じた時こそ、政治《せいじ》の真価《しんか》が問《と》われる。対応《たいおう》を誤《あやま》れば、天災は人災《じんさい》となって不幸《ふこう》を増幅《ぞうふく》させてしまう。

日本政府《せいふ》は、穀物の世界的《せかいてき》な高騰への対応策《たいおうさく》として、麦や大豆などに生産奨励金《せいさんしょうれいきん》を支払《しはら》い、国内生産《せいさん》を拡大《かくだい》することや、輸入先の多元化《たげんか》、輸入穀物の備蓄《びちく》などを打《う》ち出《だ》した。

こうした事態に対《たい》して、これまでの日本の農業政策《のうぎょうせいさく》を疑問視《ぎもんし》する声《こえ》も起《お》こっていった。

戦後《せんご》の日本農業は、農地改革《のうちかいかく》で自作農《じさくのう》となった、多くの農業従事者《じゅうじしゃ》によって支《ささ》えられてきた。手に入れた農地の規模《きぼ》は小《ちい》さかったが、地主《じぬし》に小作料《こさくりょう》を払《はら》う必要《ひつよう》がないため、希望《きぼう》に燃《も》えて、農作《のうさく》に取《と》り組《く》んできた。彼《かれ》らが、食糧不足《しょくりょうぶそく》に苦《くる》しむ時代《じだい》の、日本人の食生活《しょくせいかつ》の担《にな》い手となってきたのだ。危機《きき》を乗《の》り切《き》る力《ちから》は、常《つね》に民衆《みんしゅう》の活力《かつりょく》にある。

政府も、食料の自給率《じきゅうりつ》を高めるため、増産《ぞうさん》政策を推進《すいしん》した。なかでも、米は、最《もっと》も重要《じゅうよう》な穀物として保護《ほご》し、買《か》い上《あ》げ価格《かかく》も、流通《りゅうつう》も、政府の統制下《とうせいか》にあった。その結果《けっか》、政府が所得《しょとく》を保障《ほしょう》してくれる稲作《いなさく》に、農家《のうか》は積極的《せっきょくてき》に取り組んでいったのである。

日本が高度経済成長《こうどけいざいせいちょう》を迎《むか》えるころから、農村人口《のうそんじんこう》は都市《とし》に流出《りゅうしゅつ》し始《はじ》めた。同時《どうじ》に、専業《せんぎょう》農家は減《へ》り、兼業農家《けんぎょうのうか》が増《ふ》えていった。

〝所得倍増《しょとくばいぞう》〟が叫《さけ》ばれていた時代《じだい》である。都市部《としぶ》の俸給生活者《ほうきゅうせいかつしゃ》の賃金《ちんぎん》は、年々上昇《ねんねんじょうしょう》していった。政府《せいふ》は、それに合《あ》わせて、生産者米価《せいさんしゃべいか》も引き上げていった。

一九六〇年（昭和《しょうわ》三十五年）に六十キロで四千百六十二円だった生産者米価は、六八年（同四十三年）には、八千二百五十六円と、倍増したのである。農家は、稲作《いなさく》の面積《めんせき》を拡大《かくだい》し、機械《きかい》を導入《どうにゅう》するなどして、生産の向上《こうじょう》に取《と》り組《く》んでいった。米《こめ》の収量《しゅうりょう》は増大《ぞうだい》し、六七年（同四十二年）からは、三年連続《れんぞく》で、千四百万トンを超《こ》える大豊作《だいほうさく》を記録《きろく》した。

ところが、既《すで》にこのころ、国民《こくみん》の食生活《しょくせいかつ》は変化《へんか》し、米の消費《しょうひ》は減少傾向《げんしょうけいこう》にあった。大豊作は、米の供給過剰《きょうきゅうかじょう》を招《まね》き、政府の古米在庫量《こまいざいこりょう》は累増《るいぞう》し、七〇年（昭和《しょうわ》四十五年）十月末《まつ》には七百二十万トンになった。これは、全国《ぜんこく》に配給《はいきゅう》する米の約《やく》十四カ月分の量《りょう》であった。

米が余剰《よじょう》になったことから、政府は、古米の在庫処理《しょり》の一方《いっぽう》、価格《かかく》も自由《じゆう》に決めて売買《ばいばい》できる、自主流通制度《じしゅりゅうつうせいど》を導入した。また、生産調整《ちょうせい》を行《おこな》うために、新田開発《しんでんかいはつ》を抑制《よくせい》し、野菜《やさい》などへの作付《さくづ》け転換《てんかん》を進《すす》めたのだ。

農家は減収《げんしゅう》となった。農業《のうぎょう》だけでは暮《く》らしが成《な》り立《た》たないため、専業《せんぎょう》農家は、ますます減少した。出稼《でかせ》ぎに行く人や、兼業農家に切《き》り替《か》える家《いえ》が、年々、増大していった。

この高度成長期《こうどせいちょうき》には、日本では、国際分業《こくさいぶんぎょう》が主流《しゅりゅう》となっていた。工業製品《こうぎょうせいひん》や農作物《のうさくぶつ》などを、国家間《こっかかん》で分業し、互《たが》いに必要《ひつよう》な物《もの》を安《やす》く輸出入《ゆしゅつにゅう》しようという考《かんが》え方《かた》である。

日本は、工業製品の輸出に力《ちから》を注《そそ》ぎ、麦《むぎ》や大豆《だいず》などの穀物《こくもつ》を、大量《たいりょう》に安く輸入していった。その結果《けっか》、麦や大豆を生産《せいさん》する日本の農家《のうか》は、激減《げきげん》していったのである。

さらに、一九七二年（同四十七年）、田中角栄内閣《たなかかくえいないかく》が、「日本列島改造論《れっとうかいぞうろん》」を掲《かか》げてスタートする。それは、農地法《のうちほう》を廃止《はいし》し、農地政策《せいさく》を根本《こんぽん》から改《あらた》め、各地《かくち》に人口二十五万人規模《きぼ》の都市《とし》をつくり、高速交通網《こうそくこうつうもう》で結《むす》ぼうという構想《こうそう》であった。太平洋《たいへいよう》ベルト地帯《ちたい》に集中《しゅうちゅう》した工業や、大都市に集中した人口の分散《ぶんさん》を図《はか》り、過疎《かそ》と過密《かみつ》を解消《かいしょう》する計画《けいかく》であったが、都市整備《せいび》、工業優《ゆう》先《せん》の施策《しさく》といえた。農業関係者《のうぎょうかんけいしゃ》の間《あいだ》に、危機感《ききかん》が走《はし》った。

そこに、世界的《せかいてき》な食糧《しょくりょう》危機が起《お》きたのだ。そのなかで、七三年（同四十八年）十月、農村部《のうそんぶ》が誕生《たんじょう》するのである。

日蓮大聖人《にちれんだいしょうにん》は「人は食《しょく》によつて生《せい》あり食を財《たから》とす」（御書一五九六ページ）、「白米《はくまい》は白米にはあらず・すなはち命《いのち》なり」（同一五九七ページ）と仰《おお》せである。

山本伸一《やまもとしんいち》は、人間《にんげん》の命をつなぐ食の生産に従事《じゅうじ》する農村部は、人類《じんるい》の生命《せいめい》を支《ささ》え、守《まも》る、極《きわ》めて重要《じゅうよう》な部であると、考えていた。

〝メンバーの知恵《ちえ》と営農《えいのう》の実証《じっしょう》は、先細《さきぼそ》りの様相《ようそう》を見せ始《はじ》めた農業《のうぎょう》の、未来《みらい》を開く力《ちから》となる。さらに、それは、日本、そして、世界《せかい》の食糧問題《しょくりょうもんだい》を解決《かいけつ》する糸口《いとぐち》ともなろう〟

伸一《しんいち》の農村部《のうそんぶ》への期待《きたい》は大きかった。

伸一の心《こころ》に呼応《こおう》するかのように、農村部のメンバーは、農村の活性化《かっせいか》が、新《あたら》しい時代《じだい》を開く力になると自覚《じかく》し、さまざまな活動《かつどう》を積極的《せっきょくてき》に推進《すいしん》していった。

一九七四年（昭和《しょうわ》四十九年）二月には、茨城県《いばらきけん》の水戸会館《みとかいかん》で、初《はつ》の「農業講座《こうざ》」を開催《かいさい》した。これは、農業経営《けいえい》に関《かん》する、幅広《はばひろ》い知識《ちしき》を身《み》につけるとともに、農村部のメンバー同士《どうし》が、信《しん》心《じん》の連帯《れんたい》を深《ふか》めるために実施《じっし》されたものであった。

土壌《どじょう》の研究《けんきゅう》に取《と》り組《く》んできた学術部員《がくじゅつぶいん》らの講演《こうえん》、質疑応答《しつぎおうとう》も行《おこな》われた。専門家《せんもんか》のアドバイスや、同じ農業従事者《じゅうじしゃ》の苦心《くしん》、工夫《くふう》なども聞くことができ、参加者《さんかしゃ》の収穫《しゅうかく》は大きかった。この「農業講座」は、翌月《よくげつ》には、鳥取県《とっとりけん》でも実施され、好評《こうひょう》を博《はく》した。

また、八月には、次代《じだい》を担《にな》う農村青年《せいねん》を育成《いくせい》するために、神奈川県《かながわけん》の三崎《みさき》会館で、「全国《ぜんこく》農村青年講座」が行われている。全国から代表約《だいひょうやく》五十人が集《つど》い、「世界の農業と日本農業」「農村地域《ちいき》における現状《げんじょう》と対策《たいさく》」などについて学習《がくしゅう》するとともに、仏法者《ぶっぽうしゃ》としての使命《しめい》を確認《かくにん》し合《あ》ったのである。

農村《のうそん》は、いずこも、後継者不足《こうけいしゃぶそく》が深刻化《しんこくか》していた。さらに、減反政策《げんたんせいさく》など、農政《のうせい》のひずみが、農家《のうか》を疲弊《ひへい》させ切っていた。

状況《じょうきょう》にのまれ、流《なが》されていくのか。状況に立ち向かい、改革《かいかく》していくのか——それは、常《つね》に、人間《にんげん》に突《つ》き付《つ》けられている課題《かだい》である。

しかし、改革は至難《しなん》である。本当《ほんとう》の信念《しんねん》と強靭《きょうじん》な意志力《いしりょく》が求《もと》められるからだ。それを引き出すための力《ちから》が、信仰《しんこう》なのである。

「人間のなすあらゆる偉大な精神的進歩《せいしんてきしんぽ》というものはまず信仰にもとづくものだ」（『ヒルティ著作集　2　幸福論　Ⅱ』斎藤榮治訳、白水社）とは、スイスの哲学者《てつがくしゃ》ヒルティの洞察《どうさつ》である。

「全国《ぜんこく》農村青年講座《せいねんこうざ》」に参加《さんか》したメンバーは、誓《ちか》い合《あ》った。

「日本の農業《のうぎょう》は、八方《はっぽう》ふさがりといってよい。しかし、誰《だれ》かが、それを打開《だかい》していかなければ、農業の未来《みらい》も、日本の未来もない。その使命《しめい》を担《にな》っているのが、私たち農村部の青年ではないか。出発《しゅっぱつ》だ！　前進《ぜんしん》だ！」

仏法者《ぶっぽうしゃ》として、人類《じんるい》の生存《せいぞん》の権利《けんり》を守《まも》り抜《ぬ》こうとする伸一《しんいち》にとって、「食《しょく》」をもたらす農業は、最大《さいだい》の関心事《かんしんじ》であった。彼《かれ》は会長就任《かいちょうしゅうにん》以来《いらい》、「豊作《ほうさく》であるように」「飢饉《ききん》などないように」と、真剣《しんけん》に祈念《きねん》し続《つづ》けてきた。

十七歳《さい》で終戦《しゅうせん》を迎《むか》え、戦後《せんご》の食糧難《しょくりょうなん》の時代《じだい》を生きてきた彼《かれ》は、食糧不足《ぶそく》の悲惨《ひさん》さを、身《み》をもって体験《たいけん》してきた。それだけに、飢餓《きが》状況《じょうきょう》に置《お》かれた人びとの苦《くる》しみが、人一倍強《ひといちばいつよ》く、心《こころ》に迫《せま》ってくるのである。

食糧不足が世界的《せかいてき》な問題《もんだい》として、盛《さか》んに報《ほう》じられていた一九七三年（昭和《しょうわ》四十八年）の三月、彼は、世田谷区《せたがやく》の東京農業大学《とうきょうのうぎょうだいがく》で、学生部員《がくせいぶいん》が開催《かいさい》した「現代《げんだい》農業展《てん》」を訪《おとず》れ、食糧問題などについて、学生たちと語《かた》らいの機会《きかい》をもった。未来《みらい》を担《にな》う、若《わか》い世代《せだい》の意見《いけん》を聞いておきたかったのである。

また、七四年（同四十九年）九月、山形県《やまがたけん》を訪問《ほうもん》した伸一《しんいち》は、学会員《がっかいいん》が営《いとな》む、東根市《ひがしねし》の果樹《かじゅ》園《えん》を訪《たず》ねた。農業従事者《じゅうじしゃ》の声《こえ》を、直接《ちょくせつ》、聞きたかったのである。

出迎《でむか》えてくれたのは、老母《ろうぼ》と、二人《ふたり》の息子《むすこ》であった。三十一歳《さい》の兄《あに》は、別《べつ》の仕事《しごと》に就《つ》いていたが、父親《ちちおや》亡《な》きあと、弟《おとうと》と力《ちから》を合《あ》わせ、果樹園を守《まも》るために頑張《がんば》っているという。

ちょうど収穫《しゅうかく》の時期《じき》であり、リンゴやブドウが、たわわに実《みの》っていた。伸一は、昼食《ちゅうしょく》を共《とも》にしながら懇談《こんだん》した。兄は語った。

「農村《のうそん》の後継者《こうけいしゃ》不足は、国の農業政策《せいさく》の失敗《しっぱい》ですが、汗《あせ》を流《なが》して労働《ろうどう》することを避《さ》けようとする、若者《わかもの》の仕事観、労働観にも問題があると思《おも》います。農業は大変《たいへん》な仕事です。しかし、確《たし》かな手応《てごた》えと、やりがいがあります。多くの人に、大地《だいち》と共《とも》に生きる喜《よろこ》びを知ってもらいたいですね」

彼《かれ》の雄々《おお》しき笑顔《えがお》に、伸一《しんいち》は希望《きぼう》を感《かん》じた。

ロシアの文豪《ぶんごう》ドストエフスキーは、「土地《とち》を耕《たがや》すものこそ、すべてをリードする」（『作家の日記』6、小沼文彦訳、筑摩書房）と、日記《にっき》に綴《つづ》っている。

山形訪問翌月《やまがたほうもんよくげつ》の一九七四年（同四十九年）十月、山梨広布《やまなしこうふ》二十周年記念総会《しゅうねんきねんそうかい》に出席《しゅっせき》した山本《やまもと》伸一は、講演《こうえん》のなかで、農業問題《のうぎょうもんだい》に言及《げんきゅう》した。当時《とうじ》、西《にし》アフリカ諸国《しょこく》、バングラデシュ、インドなどでは、旱魃《かんばつ》や洪水《こうずい》で、極度《きょくど》の飢饉《ききん》を招来《しょうらい》し、多くの人びとが餓死状態《がしじょうたい》に追《お》い込《こ》まれていた。

彼は、食糧《しょくりょう》の大部分《だいぶぶん》を海外《かいがい》に依存《いそん》する日本の農業政策《せいさく》の在《あ》り方《かた》の転換《てんかん》を主張《しゅちょう》したのだ。

さらに、この年《とし》の十一月十七日に、愛知県体育館《あいちけんたいいくかん》で行《おこな》われた第三十七回本部総会《ほんぶそうかい》では、食糧危機《きき》の問題について、提言《ていげん》を行っている。

ちょうど、総会前日《ぜんじつ》の十六日まで、イタリアのローマで、世界《せかい》食糧会議《かいぎ》が開催《かいさい》され、世界的な食糧危機打開《だかい》への討議《とうぎ》が行われていたのである。

しかし、その語《かた》らいには、国家間《こっかかん》の利害《りがい》と思惑《おもわく》が絡《から》み、食糧危機が国家の取引《とりひき》、政争《せいそう》の具《ぐ》に供《きょう》されていた。現実《げんじつ》に飢餓線上《きがせんじょう》にあって、今日《きょう》死《し》ぬか、明日《あした》まで生命《いのち》がもつかといった人びとの苦《くる》しみよりも、それぞれの国家利益《こっかりえき》が優先《ゆうせん》されていることが、伸一《しんいち》は、残念《ざんねん》でならなかった。

〝人間《にんげん》の生命《せいめい》を守《まも》ることを、一切《いっさい》に最優先《さいゆうせん》させるというのが人の道《みち》ではないか!〟

そこで彼《かれ》は、本部総会《ほんぶそうかい》で、食糧問題《しょくりょうもんだい》に取《と》り組《く》む先進諸国《せんしんしょこく》の、基本的《きほんてき》な姿勢《しせい》を、まず確認《かくにん》していったのである。

「『何を要求《ようきゅう》するかではなく、何を与《あた》えうるか』に、発想《はっそう》の根本《こんぽん》をおくべきであるということであります。各国《かっこく》が争《あらそ》って要求し、駆《か》け引《ひ》きをし、奪《うば》い合《あ》うのではなく、今すぐに各国が、まず『何ができるか』『何をもって貢献《こうけん》できるか』ということから、話《はなし》を始《はじ》めなければならない」

次《つ》いで伸一は、経済大国《けいざいたいこく》・日本は、世界《せかい》に対《たい》して「何をすべきか」を語《かた》った。

彼が、第一にあげたのは、「農業技術《のうぎょうぎじゅつ》の援助《えんじょ》」であった。

食糧問題の根本的な解決《かいけつ》は、長期的《ちょうきてき》に見るならば、発展途上国《はってんとじょうこく》の自力《じりき》による更生《こうせい》にかかっているからである。

第二に、食糧を輸入《ゆにゅう》に依存《いそん》しておきながら、減反政策《げんたんせいさく》を取り、農業人口《じんこう》を減《へ》らしてきた農政《のうせい》の在《あ》り方《かた》を改善《かいぜん》し、食料自給率《しょくりょうじきゅうりつ》を高めていくべきであると訴《うった》えた。

工業重点主義《こうぎょうじゅうてんしゅぎ》によって得《え》た金《かね》の力《ちから》にものをいわせ、他国《たこく》が得るべき食糧を奪《うば》っていると言われるような生《い》き方《かた》は、改《あらた》めるべきであろう。また、このまま日本が、なんの方策《ほうさく》もなく、一切《いっさい》の輸入穀物《ゆにゅうこくもつ》が途絶《とだ》えるような事態《じたい》になれば、やがては、発展途上国以上《はってんとじょうこくいじょう》の、飢餓《きが》の苦《くる》しみに陥《おちい》ることになろう。

つまり、日本は、世界《せかい》のためにも、自国《じこく》のためにも、時代《じだい》を先取《さきど》りして、人類《じんるい》に貢献《こうけん》する道《みち》を、正々堂々《せいせいどうどう》と歩《あゆ》んでいくべき必要《ひつよう》があると、伸一《しんいち》は、痛感《つうかん》していたのである。

第三に、「民衆《みんしゅう》も、食糧問題《もんだい》を他国のこととして傍観視《ぼうかんし》していてはならない。私たちとしても、仏法者《ぶっぽうしゃ》の良心《りょうしん》のうえから、なんらかの手を差《さ》し伸《の》べたい」と述《の》べた。そして、「私は、その具体的検討及《ぐたいてきけんとうおよ》び実施《じっし》を、青年《せいねん》の諸君《しょくん》に託《たく》したいと思《おも》いますが、諸君、どうだろうか！」と呼《よ》びかけたのである。

集《つど》った青年たちの、賛同《さんどう》の大拍手《だいはくしゅ》が場内《じょうない》に轟《とどろ》いた。青年の決起《けっき》があってこそ、運動《うんどう》の結実《けつじつ》はある。すべての命運《めいうん》は青年の手にある。

さらに伸一は、世界食糧会議《かいぎ》でも提案《ていあん》された「世界食糧銀行《ぎんこう》」に触《ふ》れた。これは、世界の食糧の安全保障《あんぜんほしょう》、配分構想《はいぶんこうそう》のセンターとして、具体的施策《しさく》を即座《そくざ》に実施していく機関《きかん》である。その構想《こうそう》の基盤《きばん》とすべき、理念《りねん》、思想《しそう》について、彼《かれ》は明言《めいげん》したのである。

「それは、援助《えんじょ》の見返《みかえ》りを求《もと》めるのではなく、あらゆる国の、あらゆる人びとの生存《せいぞん》の権利《けんり》を回復《かいふく》するというものであり、あえて言えば、人類《じんるい》の幸《しあわ》せと未来《みらい》の存続《そんぞく》に賭《か》けるという『抜苦《ばっく》与楽《よらく》』（苦を抜《ぬ》き楽《らく》を与《あた》える）の慈悲《じひ》の理念であります」

そして、こう力説《りきせつ》したのだ。

「今、必要《ひつよう》とされるのは、グローバルな見地《けんち》に立つこととともに、国家《こっか》エゴイズムを捨《す》てて、人類の生存という一点《いってん》に協力体制《きょうりょくたいせい》をしいていくことに尽《つ》きるのであります」

伸一《しんいち》は、一九七二年（昭和《しょうわ》四十七年）十一月の第三十五回本部総会《ほんぶそうかい》では、人類の生存の権利を守《まも》るための運動《うんどう》を青年《せいねん》に託《たく》したいと呼《よ》びかけた。それが起点《きてん》となり、反戦出版《はんせんしゅっぱん》や、「核兵器《かくへいき》、戦争廃絶《せんそうはいぜつ》のための署名《しょめい》」など、創価学会《そうかがっかい》の広範《こうはん》な平和《へいわ》運動が展開《てんかい》されていったのである。そして、この七四年（同四十九年）の第三十七回本部総会で、さらに彼は、食糧問題《しょくりょうもんだい》への取《と》り組《く》みを青年に託したのだ。

伸一は、後継《こうけい》の青年たちが国家のエゴイズムを乗《の》り越《こ》え、世界《せかい》の平和と人類の繁栄《はんえい》を築《きず》き上《あ》げていく使命《しめい》を自覚《じかく》し、未来を切り開いていくことを、強《つよ》く念願《ねんがん》していたのだ。

伸一の提案《ていあん》を受け、翌月《よくげつ》の八日に開催《かいさい》された第十六回学生部《がくせいぶ》総会では、「二十一世紀《せいき》食糧問《もん》題委員会《だいいいんかい》」の設置《せっち》が発表《はっぴょう》された。また、十五日の第二十三回青年部総会《せいねんぶそうかい》では、「生存《せいぞん》の権利《けんり》を守《まも》る青年会議《かいぎ》」が発足《ほっそく》し、そのなかに、「食糧問題調査会《しょくりょうちょうさかい》」が設《もう》けられた。

人類《じんるい》の「食《しょく》」を守るための運動《うんどう》の準備《じゅんび》が、着々《ちゃくちゃく》と整《ととの》えられていったのである。

一九七五年（昭和《しょうわ》五十年）五月、同調査会は、「飢餓《きが》に悩《なや》むバングラデシュ」と題《だい》する講演《こうえん》会《かい》を開催《かいさい》。また、学生部《がくせいぶ》の「二十一世紀《せいき》食糧問題委員会」と共催《きょうさい》して、食糧問題の講演会を重《かさ》ねるなど、人びとの意識啓発《いしきけいはつ》を図《はか》り、市民《しみん》の連帯《れんたい》を訴《うった》えていった。

さらに、青年部では、この七五年の九月二十一日を中心《ちゅうしん》に、十五都府県《とふけん》で、「世界《せかい》の飢《う》えをなくそう」と呼《よ》びかけ、募金活動《ぼきんかつどう》を実施《じっし》した。真心《まごころ》の募金は、日本ユネスコ協会連盟《きょうかいれんめい》に寄託《きたく》され、アジアやアフリカ各国《かっこく》のユネスコ機関《きかん》を経《へ》て、当事国《とうじこく》に届《とど》けられた。また、日本ユネスコ協会連盟からは、人道的大義《じんどうてきたいぎ》に立脚《りっきゃく》した活動に対《たい》し、「食糧問題調査会」に感謝状《かんしゃじょう》が贈《おく》られた。

青年は、眼《まなこ》を世界に向けねばならない。地球《ちきゅう》は、人類の家《いえ》であり、人間《にんげん》は皆《みな》、家族《かぞく》、同胞《どうほう》なのだ。ゆえに、この地球上の苦悩《くのう》と悲惨《ひさん》を、わが苦《く》として担《にな》い立つのだ。そこに、真《まこと》の仏法者《ぶっぽうしゃ》の生《い》き方《かた》があるからだ。

同年九月、初《はつ》の試《こころ》みとして、山形県《やまがたけん》の「農村《のうそん》青年主張大会《しゅちょうたいかい》」が上山市民会館《かみのやましみんかいかん》で開催された。後継者不足《こうけいしゃぶそく》、不安定《ふあんてい》な収支《しゅうし》、離農《りのう》など、深刻《しんこく》な問題《もんだい》が山積《さんせき》しているなかで、信心《しんじん》を根本《こんぽん》に、農《のう》業《ぎょう》に青春《せいしゅん》をかける青年《せいねん》たちが、郷土愛《きょうどあい》や土《つち》に生きる誇《ほこ》りを、力強《ちからづよ》く訴《うった》えた。青年の信念《しんねん》の主張《しゅちょう》や心意気《こころいき》を、参加《さんか》した地元《じもと》の識者《しきしゃ》たちは高く評価《ひょうか》し、今後《こんご》の活躍《かつやく》に大きな期待《きたい》を込《こ》めて拍手《はくしゅ》を送《おく》った。

この「農村《のうそん》青年主張大会《たいかい》」は、やがて全国《ぜんこく》に広《ひろ》がっていった。さらに、各部《かくぶ》の代表《だいひょう》が登壇《とうだん》しての〝体験《たいけん》主張大会〟、そして、衛星中継《えいせいちゅうけい》による「農漁村《のうぎょそん》ルネサンス体験主張大会」も、開催《かいさい》されていくことになる。

まずは、わが地域《ちいき》に、希望《きぼう》の火を燃《も》え上《あ》がらせるのだ。その火は、やがて、全国、全世界《ぜんせかい》に広がっていくからだ。「改革《かいかく》とは本来足《ほんらいあし》もとから始《はじ》めるべきものです」（『飛び立つ鷲　シェリー初期散文集』阿部美春・上野和廣・浦壁寿子・杉野徹・宮北惠子訳、南雲堂）とは、イギリスのロマン派《は》の詩人《しじん》シェリーの至言《しげん》である。

翌《よく》一九七六年（昭和《しょうわ》五十一年）一月には、男子部《だんしぶ》に「農村青年委員会《いいんかい》」（現在の農漁光青年委員会）が発足《ほっそく》する。農村部と連携《れんけい》を密《みつ》にしながら、農村青年の活動《かつどう》を定着化《ていちゃくか》させ、より一層《いっそう》、地域貢献《こうけん》の運動《うんどう》を推進《すいしん》していくことを目的《もくてき》に設《もう》けられたのである。

また、この年《とし》の三月には、全国から農村青年の代表が集《つど》い、初《はつ》の「農村部大会」が静岡県《しずおかけん》で開催されている。山本伸一《やまもとしんいち》は、歴史的《れきしてき》な第一回大会を祝福《しゅくふく》し、メッセージを贈《おく》った。

「いつの場合《ばあい》でも、新《あたら》しい道《みち》をつけるためには、誰《だれ》かが泥《どろ》まみれになって死闘《しとう》しなければならないのが、歴史《れきし》の宿命《しゅくめい》であります。いかなる苦《くる》しみのなかでも、前進《ぜんしん》を止《と》めてはなりません。ひとたびは後退《こうたい》を余儀《よぎ》なくされることがあっても、必《かなら》ず、次《つぎ》はさらに進《すす》むのだという執念《しゅうねん》を失《うしな》ってはなりません」

農業《のうぎょう》の現実《げんじつ》は、依然《いぜん》として厳《きび》しかった。

しかし、参加者《さんかしゃ》は、伸一《しんいち》の呼《よ》びかけに応《こた》え、〝だからこそ、仏法《ぶっぽう》という価値創造《かちそうぞう》の大法《だいほう》を持《たも》った私たちが活路《かつろ》を開こう！〟と、赤々《あかあか》と闘志《とうし》を燃《も》え上《あ》がらせるのであった。

「農村部大会《のうそんぶたいかい》」への伸一のメッセージは、農村再建《さいけん》の使命《しめい》を強《つよ》く促《うなが》すものとなった。

農村部では、一九七六年（同五十一年）にも、北海道《ほっかいどう》などで、活発《かっぱつ》に「農業講座《こうざ》」を開催《かいさい》していった。講座では、地元《じもと》の農村部メンバーの体験発表《たいけんはっぴょう》や、農業に関《かん》する学術研究者《がくじゅつけんきゅうしゃ》の講演《こうえん》などが行《おこな》われた。農村部員は、現代《げんだい》農業が直面《ちょくめん》する諸問題《しょもんだい》に、なんらかの解決《かいけつ》の道筋《みちすじ》を示《しめ》し、農村社会《しゃかい》に希望《きぼう》の灯《ひ》をともそうと、真剣《しんけん》な取《と》り組《く》みを重《かさ》ねていった。

七七年（同五十二年）一月には、社会の大黒柱《だいこくばしら》である壮年《そうねん》に焦点《しょうてん》を当《あ》てた「農村壮年講座」が、各地《かくち》の研修所《けんしゅうじょ》などで開催された。

この催《もよお》しでは、山本《やまもと》伸一の「諸法実相抄《しょほうじっそうしょう》」講義《こうぎ》を学《まな》び、仏法哲理《てつり》の研鑽《けんさん》に力《ちから》を注《そそ》いだ。一人《ひとり》ひとりが、仏法者《ぶっぽうしゃ》としての使命《しめい》を自覚《じかく》していくことこそ、農業再生《のうぎょうさいせい》の力《ちから》となるからだ。

壮年《そうねん》の意気《いき》は軒昂《けんこう》であった。壮年が立ち上がってこそ、物事《ものごと》の本格的《ほんかくてき》な成就《じょうじゅ》がある。

壮年の「壮《そう》」とは、若々《わかわか》しく、元気盛《げんきさか》んで、強《つよ》く、大きく、勇《いさ》ましいことをいう。ゆえに、意気盛んな男性《だんせい》を「壮士《そうし》」と呼《よ》び、働《はたら》き盛《ざか》りの年代《ねんだい》を「壮歳《そうさい》」といい、勇気《ゆうき》のいる大がかりな仕事《しごと》を「壮挙《そうきょ》」というのだ。

本来《ほんらい》、青年《せいねん》をしのぐ、勢《いきお》い、勇気、強さ、実力《じつりょく》、英知《えいち》をもっているのが壮年なのである。

まさに、壮年の力、英知が発揮《はっき》され、本格的な地域社会《ちいきしゃかい》の建設《けんせつ》に向け、農村部《のうそんぶ》の活動《かつどう》が、いよいよ軌道《きどう》に乗《の》り始《はじ》めた時に、第一回「農村・団地部勤行集会《だんちぶごんぎょうしゅうかい》」を迎《むか》えたのである。

農村部の抱《かか》える大きなテーマが、人口《じんこう》の過疎《かそ》化のなかで、どうやって農業を再生させるかであるのに対《たい》して、一方《いっぽう》の団地部は、人口の過密《かみつ》化した団地という居住環境《きょじゅうかんきょう》のなかで、潤《うるお》いのある人間共同体《にんげんきょうどうたい》をいかにしてつくり上げていくかが、大きなテーマであった。

農村の過疎、都会《とかい》の過密――現代《げんだい》社会の抱える大《だい》テーマに、創価学会《そうかがっかい》は、真《ま》っ向《こう》から取《と》り組《く》んでいったのである。

（中略）

一九七七年（昭和《しょうわ》五十二年）二月十七日の夜《よる》、会長《かいちょう》・山本伸一《やまもとしんいち》を迎《むか》えて、創価文化会館内《そうかぶんかかいかんない》の広宣会館で開催《かいさい》された、第一回「農村《のうそん》・団地部勤行集会《だんちぶごんぎょうしゅうかい》」は、歓喜《かんき》と求道《きゅうどう》の息吹《いぶき》に満《み》ちあふれた出発《しゅっぱつ》の集《つど》いとなった。

全国《ぜんこく》から駆《か》けつけた参加者《さんかしゃ》は、伸一の指導《しどう》を一言《ひとこと》も聞《き》き漏《も》らすまいと、耳《みみ》を澄《す》ませ、瞳《ひとみ》を輝《かがや》かせ、一心《いっしん》に彼《かれ》を見つめていた。

伸一は、参加者の日々《ひび》の活動《かつどう》に対《たい》して、ねぎらいと感謝《かんしゃ》を述《の》べたあと、一人《ひとり》ひとりに語《かた》りかけるように、懇談的《こんだんてき》に話《はなし》を進《すす》めた。

「私が、会長に就任《しゅうにん》したその年《とし》の七月、千葉県《ちばけん》の銚子《ちょうし》で、青年部《せいねんぶ》の人材育成機関《じんざいいくせいきかん》の一つであった『水滸会《すいこかい》』の野外研修《やがいけんしゅう》を開催いたしました。

その時、地元《じもと》の千葉からも、隣県《りんけん》の茨城《いばらき》からも、多くの同志《どうし》が来《こ》られており、私は、しばし、懇談《こんだん》させていただいた。

語《かた》らいのなかで、一人《ひとり》の方《かた》が、漁獲量《ぎょかくりょう》が減少《げんしょう》して困《こま》っていると言われた。私は、『皆《みな》さんの一念《いちねん》で、国土世間《こくどせけん》も変えていくことができると教《おし》えているのが仏法《ぶっぽう》です。根本《こんぽん》はお題目《だいもく》です』

と申《もう》し上《あ》げました。

大聖人《だいしょうにん》は、『心《こころ》の一法《いっぽう》より国土世間も出来《しゅったい》する事《こと》なり』（御書《ごしょ》五六三㌻）と仰《おお》せだからです。国土の違《ちが》いも、わが一念から起《お》こり、わが一念に国土も収《おさ》まります。心の力《ちから》は偉大《いだい》です。何があっても負《ま》けない、強《つよ》い、強い信心《しんじん》の一念があれば、一切《いっさい》の環境《かんきょう》を変えていくことができる。それが『三変土田《さんぺんどでん》』の法理《ほうり》です」

「三変土田」とは、法華経見宝塔品《ほけきょうけんほうとうほん》第十一で説《と》かれた、娑婆世界等《しゃばせかいとう》を仏国土《ぶっこくど》へと変えていく変革《へんかく》の法理である。「三変」とは、三度にわたって変えたことであり、「土田」とは、土地《とち》、場所《ばしょ》を意味《いみ》している。

見宝塔品では、七宝《しっぽう》に飾《かざ》られた巨大《きょだい》な宝塔が涌現《ゆげん》する。釈尊《しゃくそん》の説く法華経の教えが真実《しんじつ》であることを証明《しょうめい》するために、塔の中《なか》には多宝如来《たほうにょらい》がいる。しかし、宝塔の扉《とびら》は固《かた》く閉《と》ざされ、多宝如来は現《あらわ》れない。出現《しゅつげん》の時には、釈尊分身《ぶんしん》の諸仏《しょぶつ》を来集《らいしゅう》させてほしいというのが、多宝如来のかねてからの願《ねが》いであった。

その釈尊《しゃくそん》の分身《ぶんしん》の諸仏《しょぶつ》を娑婆世界《しゃばせかい》に集《あつ》めるには、国土《こくど》を浄《きよ》め、仏《ほとけ》が集《つど》うにふさわしい仏国土《ぶっこくど》にしなければならない。釈尊は、眉間《みけん》から光《ひかり》を放《はな》って、無数《むすう》の国土にいる仏たちを見る。それぞれの国土では、諸仏《しょぶつ》、菩薩《ぼさつ》が法《ほう》を説《と》いていた。

宝塔《ほうとう》が涌現《ゆげん》したことを知った諸仏は、釈尊と多宝如来《たほうにょらい》にお会いしたいと、喜《よろこ》び勇《いさ》んで馳《は》せ参《さん》じるのだ。

釈尊は、諸仏を迎《むか》えるために、娑婆世界を変《へん》じて清浄《せいじょう》にした。大地《だいち》は瑠璃《るり》で彩《いろど》られ、宝樹《ほうじゅ》をもって荘厳《そうごん》され、諸仏一人《ひとり》ひとりのために、「師子《しし》の座《ざ》」が用意《ようい》された。しかし、諸仏の数《かず》は膨大《ぼうだい》で、とても収《おさ》まりきらない。

そこで釈尊は、四方《しほう》（東《ひがし》、西《にし》、南《みなみ》、北《きた》）・四維《しい》（西北《せいほく》、西南《せいなん》、東北《とうほく》、東南《とうなん》）の八方《はっぽう》それぞれの、二百万億那由他《おくなゆた》という無数の国々《くにぐに》を浄《きよ》める。その国土は、すべて一つにつながり、広大《こうだい》なる仏国土が出現《しゅつげん》する。

だが、続々《ぞくぞく》と集って来る諸仏は、それでも収まらなかった。釈尊は、さらに、八方それぞれの二百万億那由他の無数の国々を浄める。この三度目《どめ》の浄化《じょうか》で、娑婆世界と八方の四百万億那由他もの国々《くにぐに》が浄められ、一つの広大無辺《むへん》の仏国土が出現し、宇宙《うちゅう》から集い来た分身の諸仏によって、満《み》ちあふれる。まさに、法を求《もと》め、師匠《ししょう》のもとに弟子《でし》が勇んで馳せ参じる、宇宙大《うちゅうだい》の師弟《してい》のドラマである。

そして、宝塔《ほうとう》の扉《とびら》が開かれ、釈尊《しゃくそん》と多宝如来《たほうにょらい》が並座《びょうざ》するなか、聴衆《ちょうしゅう》が空中《くうちゅう》に導《みちび》かれ、虚空会《こくうえ》の説法《せっぽう》が始《はじ》まるのだ。

天台大師《てんだいだいし》は、この「三変土田《さんぺんどでん》」について、『法華文句《ほっけもんぐ》』で、三昧《さんまい》によると解釈《かいしゃく》している。三昧とは、心《こころ》を一つに定《さだ》めて動《どう》じることのない境地《きょうち》、一念《いちねん》をいう。つまり、国土《こくど》の浄化《じょうか》は、一念の変革《へんかく》によることを表《あらわ》している。

日蓮大聖人《にちれんだいしょうにん》は、釈尊の一代聖教《いちだいせいきょう》は「皆悉《みなことごと》く一人の身中《しんちゅう》の法門《ほうもん》にて有《あ》るなり」（御書《ごしょ》五六三ページ）と仰《おお》せである。わが身《み》を離《はな》れて仏法《ぶっぽう》はない。法華経《ほけきょう》の一切《いっさい》は、己心《こしん》の生命《せいめい》のドラマであり、大宇宙も、宇宙を貫《つらぬ》く根源《こんげん》の法《ほう》も、わが生命に収《おさ》まるのだ。

天台大師は、さらに、釈尊が、三度にわたって娑婆世界等《しゃばせかいとう》を変革したことを、人間《にんげん》の迷《まよ》いである、見思惑《けんじわく》、塵沙惑《じんじゃわく》、無明惑《むみょうわく》の「三惑《さんわく》」に対応《たいおう》させている。

見思惑とは、見惑《けんわく》と思惑《しわく》のことで、惑《わく》は迷いである。見惑は、真実《しんじつ》を見極《みきわ》めようとしない、誤《あやま》ったものの見方《みかた》をいう。権威《けんい》、権力《けんりょく》にひれ伏《ふ》し、外見《がいけん》で人を見下《みくだ》すことや、誤った固定観念《こていかんねん》、偏見《へんけん》もまた、見惑といえよう。

思惑《しわく》は、貪《とん》（むさぼり）、瞋《じん》（いかり）、癡《ち》（おろか）の三毒《さんどく》などによる迷いである。煩悩《ぼんのう》に翻弄《ほんろう》され、エゴイズムを肥大《ひだい》させ、自然環境《しぜんかんきょう》を破壊《はかい》し、争《あらそ》いを生み出すのも、この思惑のゆえである。

御書《ごしょ》には、『法華文句《ほっけもんぐ》』の「瞋恚増劇《しんにぞうぎゃく》にして刀兵起《とうひょうお》こり貪欲《とんよく》増劇にして飢餓《きが》起り愚癡《ぐち》増劇にして疾疫《しつえき》起り」（七一八ページ）の文《もん》が引かれている。この文には、三毒《さんどく》と、刀兵（戦争《せんそう》）、飢餓（飢《き》饉《きん》）、疾疫（伝染病《でんせんびょう》）の因果関係《いんがかんけい》が明《あき》らかにされている。戦争も、飢饉も、伝染病も、その根《こん》源《げん》は、人の一念《いちねん》にこそある。

「三変土田《さんぺんどでん》」の第一の変浄《へんじょう》は、戦争や飢餓等の災《わざわ》いをもたらす、見思惑《けんじわく》を破《やぶ》ったことを表《あらわ》しているといえよう。

第二の変浄で破られる塵沙惑《じんじゃわく》とは、菩薩《ぼさつ》が人びとを救済《きゅうさい》していく時に直面《ちょくめん》する、無量無数《むりょうむすう》の障害《しょうがい》である。ある意味《いみ》で、他者《たしゃ》のための崇高《すうこう》な迷《まよ》いといえる。それを破って突《つ》き進《すす》んでいけば、すべては歓喜《かんき》へと変わっていく。

さらに、無明惑《むみょうわく》とは、生命《せいめい》に暗《くら》いことから起《お》こる、根本《こんぽん》の迷いである。これこそが、成仏《じょうぶつ》を妨《さまた》げる一切《いっさい》の煩悩《ぼんのう》の根源となるのだ。それに対《たい》して、わが生命も、また一切衆生《いっさいしゅじょう》の生命も、尊《そん》厳《げん》なる「宝塔《ほうとう》」であると悟《さと》ることが法性《ほっしょう》である。第三の変浄で、この無明惑も破られるのである。

つまり、「三変土田《さんぺんどでん》」とは、生命《せいめい》の大変革《だいへんかく》のドラマであり、自身《じしん》の境涯革命《きょうがいかくめい》なのだ。

自分《じぶん》の一念《いちねん》の転換《てんかん》が、国土《こくど》の宿命《しゅくめい》を転換していく——この大確信《だいかくしん》を胸《むね》に、戸田城聖《とだじょうせい》は、敗戦《はいせん》の焦土《しょうど》に、ただ一人《ひとり》立ち、広宣流布《こうせんるふ》の大闘争《だいとうそう》を展開《てんかい》していったのである。

日蓮大聖人《にちれんだいしょうにん》は、駿河国《するがのくに》の富士方面《ふじほうめん》の中心《ちゅうしん》として懸命《けんめい》に弘教《ぐきょう》に励《はげ》む、在家《ざいけ》のリーダーに、「釈《しゃ》迦仏《かぶつ》・地涌《じゆ》の菩薩《ぼさつ》・御身《おんみ》に入りかはらせ給《たま》うか」（御書《ごしょ》一四六七ページ）と仰《おお》せになっている。

広宣流布に邁進《まいしん》するわれらの生命は、釈尊《しゃくそん》すなわち仏《ほとけ》であり、地涌の菩薩そのものとなるのである。ゆえに、娑婆世界《しゃばせかい》を現実《げんじつ》に「三変土田」させ得《う》る力《ちから》を有《ゆう》しているのだ。

伸一《しんいち》は、農村部《のうそんぶ》、団地部《だんちぶ》のメンバーに力を込《こ》めて訴《うった》えた。

「この私たちが、〝断《だん》じて、国土の宿命を転換するのだ！〟と、決然《けつぜん》と立ち上がり、地涌の菩薩の底力《そこぢから》を発揮《はっき》していくならば、三世十方《さんぜじっぽう》の仏《ぶつ》菩薩にも勝《まさ》る力が涌現《ゆげん》します。

しかも、その地域《ちいき》に、地涌の同志《どうし》が陸続《りくぞく》と誕生《たんじょう》し、生命の宝塔《ほうとう》が林立《りんりつ》していくならば、国土が変わらぬわけがありません。ゆえに、なすべきは広宣流布です。

戦後《せんご》、創価学会《そうかがっかい》の大前進《だいぜんしん》とともに、日本は復興《ふっこう》し、急速《きゅうそく》な発展《はってん》を遂《と》げました。しかし、今や、精神《せいしん》の荒廃《こうはい》や人間疎外《にんげんそがい》、環境汚染《かんきょうおせん》など、深刻《しんこく》な多くの課題《かだい》が山積《さんせき》しています。その大《だい》テーマを克服《こくふく》するには、仏法《ぶっぽう》の叡智《えいち》によるしかありません。したがって、広宣流布の歩《あゆ》みを、一瞬《いっしゅん》たりとも、止《と》めるわけにはいかないのであります。

どうか、農村部《のうそんぶ》、団地部《だんちぶ》の皆《みな》さんは、地域広布《ちいきこうふ》の先駆《さきが》けとなっていただきたい。

また、私は、十七年前に、銚子《ちょうし》の地に集《つど》って来《こ》られた、千葉《ちば》、茨城《いばらき》の皆さんのことを思《おも》い起《お》こすたびに、千葉の同志《どうし》、茨城の同志は、わが地域を常寂光土《じょうじゃっこうど》へと転《てん》ずる、真正《しんせい》の師子《しし》であっていただきたいと、祈《いの》り念《ねん》じています。

さて、その銚子での『水滸会《すいこかい》』で、私は、岬《みさき》に立つ灯台《とうだい》の下《もと》で語《かた》りました。

――諸君《しょくん》は、社会《しゃかい》の、日本の、そして、世界《せかい》の〝灯台〟になっていかねばならない。

『水滸会』に限《かぎ》らず、創価学会《そうかがっかい》には、世《よ》の暗夜《あんや》を照《て》らす〝灯台〟となる使命《しめい》があることを、声《こえ》を大《だい》にして訴《うった》えたいのであります」

潮騒《しおさい》のような大拍手《だいはくしゅ》が、広宣会館《こうせんかいかん》に響《ひび》いた。

次《つ》いで彼《かれ》は、地域にあって、広宣流布《るふ》を推進《すいしん》していくうえでの、基本姿勢《きほんしせい》について語った。

「日蓮大聖人《にちれんだいしょうにん》の仏法《ぶっぽう》は、下種《げしゅ》仏法であります。いまだ仏法の真実《しんじつ》の教《おし》えを聞いたことがない末法《まっぽう》の衆生《しゅじょう》に、南無妙法蓮華経という成仏得道《じょうぶつとくどう》の種子《しゅし》を下《お》ろし、一生成仏《いっしょうじょうぶつ》せしめ、人びとを救《きゅう》済《さい》していくことができる大法《だいほう》です。

したがって、その仏法を持《たも》ち、広宣流布の使命に生きる私どもの振《ふ》る舞《ま》いは、一切《いっさい》が下種へとつながっていかねばならない。つまり、日々《ひび》の学会活動《がっかいかつどう》はもとより、毎日《まいにち》、毎日の生活《せいかつ》の姿《すがた》や行動《こうどう》が、すべて妙法《みょうほう》の種子《しゅし》を植《う》えていく大切《たいせつ》な作業《さぎょう》であるということを、自覚《じかく》していただきたい。

ゆえに、信心《しんじん》していない人に対《たい》しても、また現在《げんざい》は、信心に反対《はんたい》であるという人に対しても、幸《しあわ》せを願《ねが》い、大きな、広《ひろ》い心《こころ》で、笑顔《えがお》で包《つつ》み込《こ》むように接《せっ》して、友好《ゆうこう》に努《つと》めていくことが大事《だいじ》です。それが、仏縁《ぶつえん》を結《むす》び、広げていくことになるからです」

ここで伸一《しんいち》は、農村部《のうそんぶ》の使命《しめい》に言及《げんきゅう》していった。

「都会《とかい》生活は、いいように思《おも》えても、美《うつく》しい木々《きぎ》の緑《みどり》も、すがすがしい空気《くうき》も失《うしな》われつつあり、〝人間不在《にんげんふざい》〟の状況《じょうきょう》をつくりだしています。農村には、さまざまなご苦労《くろう》もおありかと思いますが、都会の喧騒《けんそう》から離《はな》れ、静《しず》かで豊《ゆた》かな自然《しぜん》に恵《めぐ》まれた農村生活を、私は羨《うらや》ましく思っている一人《ひとり》であります。

つまり、皆《みな》さんは、実《じつ》は、現代《げんだい》の人びとが憧《あこが》れる、ある意味《いみ》で極《きわ》めて恵まれた環境《かんきょう》で生活し、その愛《あい》する郷土《きょうど》で、妙法を宣揚《せんよう》する活動ができるんです。そのこと自体《じたい》に、最大《さいだい》の誇《ほこ》りをもち、確《かく》たる信念《しんねん》の人生《じんせい》を歩《あゆ》んでいっていただきたい」

農業《のうぎょう》に従事《じゅうじ》する人のなかには、農業を辞《や》めて、都会に出ようかと悩《なや》み考《かんが》えている人も少《すく》なくなかった。しかし、考《かんが》え方《かた》、ものの見方《みかた》を変えれば、全《まった》く別《べつ》の世界《せかい》が開かれる。伸一《しんいち》は、農村《のうそん》部《ぶ》のメンバーに、その眼《まなこ》を開き、晴《は》れ晴《ば》れとした心《こころ》をもってほしかったのである。

東北出身《とうほくしゅっしん》の哲学者《てつがくしゃ》・阿部次郎《あべじろう》は言った。「土地《とち》と農業《のうぎょう》とを忘《わす》れた文化《ぶんか》が本質的《ほんしつてき》に人間《にんげん》を幸福《こうふく》にする力《ちから》があるかどうかは疑《うたが》はしい」（『阿部次郎選集　Ⅱ　旅立前』、羽田書店。新字体に改めた）

農村地域《ちいき》が、やがて、その重要性《じゅうようせい》を再評価《さいひょうか》され、脚光《きゃっこう》を浴《あ》びる時代《じだい》が必《かなら》ず来る――それが、伸一の未来予測《みらいよそく》であり、確信《かくしん》であった。

伸一は訴《うった》えた。

「今後《こんご》、社会《しゃかい》の関心《かんしん》は、農村地域に集《あつ》まっていかざるを得《え》ない。したがって、現代《げんだい》における農村の模範《もはん》となるような、盤石《ばんじゃく》な家庭《かてい》を築《きず》き上《あ》げることができれば、そのご一家《いっか》は、地域社会を照《て》らす確固《かっこ》たる灯台《とうだい》となります。

そして、そのご一家との交流《こうりゅう》を通《とお》して、妙法《みょうほう》の種《たね》は下《お》ろされ、広宣流布《こうせんるふ》の堅固《けんご》な礎《いしずえ》が築かれていきます。ゆえに、私は、農村部の皆《みな》さんには、『地域の灯台たれ』『学会《がっかい》の灯台たれ』と申《もう》し上げておきたい。

また、農村には、地域のさまざまな伝統行事《でんとうぎょうじ》や風習《ふうしゅう》もあるでしょう。私たちの信心《しんじん》の根本《こんぽん》は、どこまでも御本尊《ごほんぞん》です。それ以外《いがい》の事柄《ことがら》については、※随方毘尼《ずいほうびに》の原理《げんり》に則《のっと》り、社会を最大限《さいだいげん》に大切《たいせつ》にして、知恵《ちえ》を働《はたら》かせて、地域《ちいき》に友好《ゆうこう》と信頼《しんらい》を広《ひろ》げていってください。

そして、一人《ひとり》ひとりが、福運《ふくうん》を満々《まんまん》とたたえて、雅量《がりょう》と包容力《ほうようりょく》に富《と》んだ自身《じしん》を築《きず》き上《あ》げていっていただきたいのであります。

私どもは、決《けっ》して、偏狭《へんきょう》な生《い》き方《かた》であってはならない。信仰《しんこう》の原点《げんてん》を踏《ふ》まえたうえで、寛大《かんだい》な振《ふ》る舞《ま》いで、どうか魅力《みりょく》にあふれる農村《のうそん》のリーダーに成長《せいちょう》していってください」

それから伸一《しんいち》は、農村部のメンバーに、親愛《しんあい》のまなざしを注《そそ》ぎながら言った。

「私は、もし、可能《かのう》ならば、長生《ながい》きをして、農村部の皆様方《みなさまがた》のお宅《たく》に、一軒《いっけん》一軒おじゃまして、一緒《いっしょ》に大根《だいこん》でも引《ひ》き抜《ぬ》かせてもらいたいというのが、偽《いつわ》らざる心境《しんきょう》なんです」

「ワーッ」という歓声《かんせい》と、大拍手《だいはくしゅ》が起《お》こった。

※仏法の本義に違《たが》わない限り、各地域の風俗・習慣、また各時代の習慣を尊重していくべきこと

〝共《とも》に働《はたら》こう！　共に汗《あせ》を流《なが》そう！　共に苦労《くろう》しよう！　そして、共に喜《よろこ》び合《あ》おう！〟

それが、常《つね》に同志《どうし》に向けられてきた、伸一の思《おも》いであった。そこに、魂《たましい》の結合《けつごう》があり、創価《そうか》の友愛《ゆうあい》と鉄《てつ》の団結《だんけつ》が生まれてきたのだ。


（中略）


世間《せけん》を離《はな》れて仏法《ぶっぽう》はない。日蓮大聖人《にちれんだいしょうにん》は、「まことの・みち道は世間の事法《じほう》にて候《そうろう》」（御書《ごしょ》一五九七ジベー）と仰《おお》せである。仏法は、地域《ちいき》、社会《しゃかい》での、自身《じしん》の振《ふ》る舞《ま》いのなかにある。自分《じぶん》が今いる、その場所《ばしょ》こそが、仏道修行《ぶつどうしゅぎょう》の場《ば》であり、広宣流布《こうせんるふ》の場所なのだ。

伸一《しんいち》は、地域社会のパイオニアである、農村部《のうそんぶ》、団地部《だんちぶ》の友《とも》に、日蓮仏法の偉大《いだい》さと仏道修行の要諦《ようてい》についても語《かた》っていった。

「日蓮大聖人の仏法は、『直達正観《じきたつしょうかん》』、すなわち『直《ただ》ちに正観に達《たっ》する』といって、即身成仏《そくしんじょうぶつ》の教《おし》えです。大聖人の御生命《ごせいめい》である御本尊《ごほんぞん》を受持《じゅじ》し、題目《だいもく》を唱《とな》えることによって、直ちに成仏へと至《いた》る、宇宙根源《うちゅうこんげん》の法則《ほうそく》です。

深淵《しんえん》な生命哲理《てつり》を裏付《うらづ》けとして、実践的《じっせんてき》には、極《きわ》めて平易《へいい》ななかに、一生《いっしょう》成仏への真髄《しんずい》が示《しめ》された、合理的《ごうりてき》な、全人類救済《ぜんじんるいきゅうさい》のための、大法《だいほう》なのであります」

ここで、日蓮仏法のなんたるかを、極めて身近《みぢか》な譬《たと》えを用《もち》いて、わかりやすく述《の》べた。

「極端《きょくたん》な話《はなし》になるかもしれませんが、釈尊《しゃくそん》の仏法並《なら》びに天台《てんだい》の法門《ほうもん》を、テレビに譬えて言うならば、法華経以前《ほけきょういぜん》の釈尊の仏法は、テレビを構成《こうせい》する一つ一つの部品《ぶひん》といえます。

そして、テレビの組《く》み立《た》て方《かた》を示し、全体像《ぜんたいぞう》を明《あき》らかにしたのが法華経です。さらに、テレビがどんなものかを、理論的《りろんてき》に体系《たいけい》づけたのが、天台《てんだい》の法門《ほうもん》といえます。

それに対《たい》して、日蓮大聖人《にちれんだいしょうにん》は、テレビ自体《じたい》を残《のこ》されたことになる。それが御本尊《ごほんぞん》に当《あ》たります。もったいない譬《たと》えですが、私どもが御本尊を持《たも》ったということは、既《すで》に完成《かんせい》した立派《りっぱ》なテレビを手に入れたことになります。部品《ぶひん》を組《く》み立《た》てたりしなくとも、理論はわからなくとも、すぐに見ることができる。

しかし、テレビを見るためには、スイッチを入れ、チャンネルを合《あ》わせなければならない。それが、御本尊への信心《しんじん》であり、仏道修行《ぶつどうしゅぎょう》です。具体的《ぐたいてき》な実践《じっせん》で言えば、唱題《しょうだい》と折伏《しゃくぶく》です。それによって、即座《そくざ》に、希望《きぼう》の画像《がぞう》を楽《たの》しむことができる。これが、『直達正観《じきたつしょうかん》』の原理《げんり》です」

どんなに深淵《しんえん》な哲理《てつり》が説《と》かれたとしても、人びとが理解《りかい》できないものであれば、もともとなかったに等《ひと》しい。民衆《みんしゅう》が深《ふか》く理解し、納得《なっとく》し、実践できてこそ、教えは意味《いみ》をもつのだ。

伸一《しんいち》は、さらに、日蓮大聖人の門下《もんか》としての信仰《しんこう》の在《あ》り方《かた》を語《かた》った。

「日蓮大聖人は、御本尊という当体《とうたい》そのものを、末法《まっぽう》の私どものために残された。

したがって、釈尊《しゃくそん》や天台の法理《ほうり》を理解していなくとも、御本尊に唱題することによって、一《いっ》生成仏《しょうじょうぶつ》という人間革命《にんげんかくめい》の大道《だいどう》を進《すす》んでいくことができるんです。『直達正観《じきたつしょうかん》』、すなわち、直《ただ》ちに絶対的幸福《ぜったいてきこうふく》に至《いた》るには、結論《けつろん》して言えば、何があっても、御《ご》本尊《ほんぞん》を決《けっ》して疑《うたが》うことなく、題目《だいもく》を唱《とな》え抜《ぬ》いていくこと以外《いがい》にありません。

人生《じんせい》は、順調《じゅんちょう》な時ばかりではない。事故《じこ》に遭《あ》うこともあれば、病《やまい》にかかることもある。また、仕事《しごと》や人間関係《にんげんかんけい》の行き詰《づ》まりなど、さまざまな苦難《くなん》や試練《しれん》があるものです。その時こそ、〝必《かなら》ず信心《しんじん》で乗《の》り越《こ》えてみせる！〟と、心《こころ》を定《さだ》めて唱題《しょうだい》するんです。そして、地涌《じゆ》の菩薩《ぼさつ》の使命《しめい》に生き抜こうと、仏法《ぶっぽう》を語《かた》り抜いていくんです。

強盛《ごうじょう》に、自行化他《じぎょうけた》の信心という根本姿勢《こんぽんしせい》を貫《つらぬ》いていくならば、絶対に事態《じたい》を打開《だかい》できるという、大確信《だいかくしん》と勇気《ゆうき》と智慧《ちえ》が涌現《ゆげん》します。その智慧をもって最高《さいこう》の方法《ほうほう》を見いだし、聡明《そうめい》に、満々《まんまん》たる生命力《せいめいりょく》をもって挑戦《ちょうせん》していくんです。これが、『直達正観』の信仰《しんこう》の直道《じきどう》であることを知っていただきたい。

それと正反対《せいはんたい》なのが、いざという時に、信心を忘《わす》れ、題目を唱えようとせず、右往左往《うおうさおう》して策《さく》に走《はし》る姿《すがた》です。そこからは、所詮《しょせん》、小手先《こてさき》の浅知恵《あさぢえ》しか出てきません。それでは、問題《もんだい》の本《ほん》当《とう》の解決《かいけつ》もなければ、宿命《しゅくめい》の転換《てんかん》もありません。かえって、つまずきの要因《よういん》をつくることにもなりかねない」

悲《かな》しみにも、苦《くる》しみにも、喜《よろこ》びにも、常《つね》に題目とともに！　常に折伏《しゃくぶく》とともに！

その実践《じっせん》ある限《かぎ》り、道《みち》は必《かなら》ず開かれる。何ものをも恐《おそ》れることはない。試練《しれん》の暗夜《あんや》にあっても、胸《むね》には、希望《きぼう》の火が、勇気《ゆうき》の火が、歓喜《かんき》の火が、赤々《あかあか》と燃《も》え上《あ》がる。強盛《ごうじょう》なる信心《しんじん》を奮《ふる》い起《お》こして題目《だいもく》を唱《とな》え抜《ぬ》くこと自体《じたい》が、「直達正観《じきたつしょうかん》」なのである。

大確信《だいかくしん》にあふれた伸一《しんいち》の声《こえ》が響《ひび》いた。

「仏法《ぶっぽう》は、勝負《しょうぶ》であります。ゆえに、広宣流布《こうせんるふ》の使命《しめい》に生きる皆《みな》さんは、断《だん》じて社会《しゃかい》にあって勝たねばならないし、絶対《ぜったい》に勝ち抜いていけるのが、この信心なんです！

末法《まっぽう》は『闘諍言訟《とうじょうごんしょう》』と経文《きょうもん》にもある通《とお》り、争《あらそ》いが絶《た》えず、嫉妬《しっと》や憎悪《ぞうお》、あらゆる策略《さくりゃく》が渦巻《うずま》いている時代《じだい》です。だからこそ、日々《ひび》、絶え間《ま》ない唱題《しょうだい》で、無限《むげん》の智慧《ちえ》を涌現《ゆげん》していくことが大切《たいせつ》なんです。

長《なが》い人生《じんせい》の途上《とじょう》には、苦《くる》しいことも多々《たた》あるでしょう。しかし、題目第一に信仰《しんこう》の根本義《こんぽんぎ》に立って、人生を生き抜いていくことです。たとえ、一時的《いちじてき》に行き詰《づ》まっても、『妙《みょう》とは蘇生《そせい》の義《ぎ》なり』（御書《ごしょ》九四七㌻）で、そこからまた、題目によって新《あら》たな生命力《せいめいりょく》、新たな福運《ふくうん》の泉《いずみ》を涌現していくことができる。いな、その挑戦《ちょうせん》の繰《く》り返《かえ》しが人生であることを忘《わす》れずに、明《あか》るく、さっそうと前進《ぜんしん》していってください。

農村部《のうそんぶ》の皆さん！　団地部《だんちぶ》の皆さん！　皆さんの地域《ちいき》を頼《たの》みます！　今いるところで、幸《しあわ》せの大城《だいじょう》を築《きず》いてください。

今日《きょう》は、本当《ほんとう》にご苦労様《くろうさま》でした。どうか、気をつけてお帰《かえ》りください。ありがとう！」

熱気《ねっき》を帯《お》びた大拍手《だいはくしゅ》が場内《じょうない》を包《つつ》んだ。

どの目にも決意《けつい》が光《ひか》り、頬《ほお》は喜《よろこ》びに紅潮《こうちょう》していた。

伸一《しんいち》が示《しめ》した、農村部《のうそんぶ》への〝地域《ちいき》、学会《がっかい》の灯台《とうだい》たれ〟、団地部《だんちぶ》への〝幸福《こうふく》への船長《せんちょう》、機関長《きかんちょう》たれ〟との指針《ししん》は、深《ふか》くメンバーの生命《せいめい》に刻《きざ》まれていったのである。

また、この二月十七日は、「農村部の日」となり、後《のち》に「農漁光部《のうぎょこうぶ》の日」と定《さだ》められ、農漁《のうぎょ》業《ぎょう》の発展《はってん》と地域広布《こうふ》を誓《ちか》い合《あ》う日となっている。

（中略）

第一回「農村《のうそん》・団地部勤行集会《だんちぶごんぎょうしゅうかい》」を契機《けいき》に、農業復興《のうぎょうふっこう》の決意《けつい》を新《あら》たにした農村部員の活躍《かつやく》は目覚《めざ》ましかった。

羊蹄山《ようていざん》の麓《ふもと》の北海道《ほっかいどう》・真狩村《まっかりむら》から参加《さんか》した本岡明雄《もとおかあきお》は、ユリ根《ね》の有機農法栽培《ゆうきのうほうさいばい》に着手《ちゃくしゅ》した。消費者《しょうひしゃ》の安全を第一に考《かんが》えた農業に取《と》り組《く》もうと思《おも》ったのである。

ユリ根は、小指《こゆび》の先《さき》ほどの種球根《たねきゅうこん》から食卓《しょくたく》に上《のぼ》るまで、六年を要《よう》する。彼《かれ》は、忍耐強《にんたいづよ》く、創《そう》意工夫《いくふう》を重《かさ》ねて栽培に成功《せいこう》。ユリ根の生産量《せいさんりょう》日本一の真狩村から、品質《ひんしつ》第一位の表彰《ひょうしょう》を何度《なんど》となく受けることになる。また、北海道社会貢献賞《しゃかいこうけんしょう》も受賞《じゅしょう》する。

兵庫県《ひょうごけん》・但東町《たんとうちょう》で畜産業《ちくさんぎょう》を営《いとな》む森江正義《もりえまさよし》は、以前《いぜん》は、大阪《おおさか》の自動車整備工場《じどうしゃせいびこうじょう》で働《はたら》いていたUターン青年《せいねん》であった。家業《かぎょう》の農業を継いだものの、当初《とうしょ》、周囲《しゅうい》の目は冷《つめ》たく、〝都会《とかい》の敗残兵《はいざんへい》〟と言われもした。

但東町《たんとうちょう》は、優《すぐ》れた品質《ひんしつ》の和牛《わぎゅう》として有名《ゆうめい》な但馬牛《たじまうし》で知られる。森江《もりえ》は、一念発起《いちねんほっき》し、但馬牛の飼育《しいく》に取《と》り組《く》んだ。

積極的《せっきょくてき》に講習会《こうしゅうかい》に参加《さんか》し、勉強《べんきょう》を重《かさ》ねた。さらに、若手《わかて》の後継者《こうけいしゃ》たちに呼《よ》びかけ、「自営者《じえいしゃ》学校《がっこう》」を立ち上げ、畜産《ちくさん》の基礎《きそ》から、血統《けっとう》や肉質《にくしつ》の見分《みわ》け方《かた》なども学《まな》び合《あ》った。但馬牛の伝統《でんとう》を守《まも》りつつ、新《あたら》しい道《みち》を開きたいと考《かんが》えたからだ。また、家畜人工授精師《かちくじんこうじゅせいし》の免許《めんきょ》の取得《しゅとく》などにも挑《いど》んだ。〝牛より先《さき》に食事《しょくじ》はしない〟と心《こころ》に決めて、仕事《しごと》に励《はげ》んだ。

勉強、勉強、また勉強の日々《ひび》だった。

畜産を始《はじ》めて三年、育《そだ》てた子牛《こうし》が町《まち》の品評会《ひんぴょうかい》で、最優秀《さいゆうしゅう》の一等賞《とうしょう》一席《せき》になった。その喜《よろこ》びのなか、勤行集会《ごんぎょうしゅうかい》に参加したのである。

彼《かれ》の牛は、品評会で五年連続《れんぞく》して、一等賞一席を獲得《かくとく》するのである。後年《こうねん》、森江の飼育した牛は、県指定《けんしてい》の種牛《たねうし》として登録《とうろく》されるなど、彼は、但馬牛の第一人者《だいいちにんしゃ》として、地域《ちいき》に実証《じっしょう》を示《しめ》していくことになる。

山梨県《やまなしけん》・勝沼町《かつぬまちょう》から勤行集会に参加した果樹農家《かじゅのうか》の坂守太郎《さかもりたろう》は、ブドウ畑《ばたけ》の一部《いちぶ》を整備《せいび》し、観光《かんこう》ブドウ狩《が》り園《えん》を営《いとな》んでいた。

観光客《かんこうきゃく》が足《あし》を運《はこ》び、ブドウ狩《が》りを体験《たいけん》してもらうことで、生産者《せいさんしゃ》と消費者《しょうひしゃ》の交流《こうりゅう》も生まれ、それがブドウの販売促進《はんばいそくしん》にもつながると考《かんが》えたのである。

勤行集会《ごんぎょうしゅうかい》で〝地域《ちいき》の灯台《とうだい》〟になろうと決意《けつい》した坂守《さかもり》は、地域活性化《かっせいか》の方法《ほうほう》を、真剣《しんけん》に模索《もさく》し始《はじ》めた。そして、果実《かじつ》の栽培《さいばい》と観光が一体化《いったいか》するなかで、勝沼《かつぬま》の新《あら》たな道《みち》が開かれるとの確信《かくしん》を強《つよ》くしたのである。

そのために、自分《じぶん》のブドウ狩り園《えん》を成功《せいこう》させ、モデルケースにしようと誓《ちか》った。休憩所《きゅうけいじょ》や売《ばい》店《てん》、大駐車場《だいちゅうしゃじょう》もつくって、施設《しせつ》を充実《じゅうじつ》させた。また、人びとのブドウの好《この》みも多様化《たようか》していることを知ると、巨峰《きょほう》をはじめ、三十余種《よしゅ》を収穫《しゅうかく》できるようにした。

さらに、お年寄《としよ》りや障《しょう》がいのある人も楽《たの》しめるように、車《くるま》イスに座《すわ》って手が届《とど》く高さのブドウ棚《だな》を用意《ようい》した。一方《いっぽう》、高いところの好《す》きな子《こ》どものために、ハシゴを使《つか》って収穫するブドウ棚も作《つく》った。インターネットのホームページも立ち上げ、ブドウの生育状況《せいいくじょうきょう》の情報発信《じょうほうはっしん》や販売にも取《と》り組《く》んだ。

日々《ひび》工夫《くふう》であった。日々挑戦《ちょうせん》であった。

坂守のブドウ狩り園は好評《こうひょう》を博《はく》し、地域発展《はってん》の牽引力《けんいんりょく》になっていったのである。

彼《かれ》は、勝沼町観光協会《きょうかい》の副会長《ふくかいちょう》や、地域の果実出荷組合《しゅっかくみあい》の組合長なども歴任《れきにん》し、まさに〝地《ち》域《いき》の灯台《とうだい》〟となったのだ。

あきらめと無気力《むきりょく》の闇《やみ》に包《つつ》まれた時代《じだい》の閉塞《へいそく》を破《やぶ》るのは、人間《にんげん》の英知《えいち》と信念《しんねん》の光彩《こうさい》だ。一人《ひとり》ひとりが、あの地、この地で、蘇生《そせい》の光《ひかり》を送《おく》る灯台となって、社会《しゃかい》の航路《こうろ》を照《て》らし出《だ》すのだ。

そこに、創価学会《そうかがっかい》の使命《しめい》がある。

「日常生活《にちじょうせいかつ》のなかでの信仰実践《しんこうじっせん》と、よりよい人間社会を建設《けんせつ》していく努力《どりょく》を続《つづ》けていくことこそ、本来《ほんらい》の宗教《しゅうきょう》の使命である」（「大白蓮華」一九九二年一月号）とは、英国《えいこく》の宗教社会学者《がくしゃ》ブライアン・ウィルソン博士の、宗教者への期待《きたい》である。

◎主な参考文献
＊国際食糧農業機関編『世界農業白書　1973年』国際食糧農業協会
＊『昭和45年度　農業の動向に関する年次報告』農水省
＊世界食糧会議事務局編、農林省監修、『世界食糧会議の全貌』国際食糧農業協会

第2章

随筆

地域を照《て》らす信頼《しんらい》の灯台《とうだい》
「食」と「農」に英知と哲学《てつがく》を

「随筆　新・人間革命」2003・12・9（『池田大作全集』第134巻所収）

「生命の世紀」の開拓者《かいたくしゃ》

「田園《でんえん》の耕作《こうさく》は精神《せいしん》をも開発する」（『コルシカ憲法草案』遅塚忠躬訳、『ルソー全集』5所収、白水社）

わが農村部の尊《とうと》き友の活躍《かつやく》を思う時、私の心に浮《う》かぶルソーの叫《さけ》びである。

彼は、〝農業こそ人間の最《もっと》も根本をなす、最も尊貴《そんき》な営《いとな》み〟とも論《ろん》じた。

私は、全《まった》く同感である。その労苦《ろうく》の汗《あせ》も、土にまみれた手も、断《だん》じて作物を守り育《そだ》てゆかんとする魂《たましい》も、何と神々《こうごう》しく光っていることか。

来《く》る日も来る年も、わが農村部の同志《どうし》は大地を耕《たがや》し、人間の精神《せいしん》を育《はぐく》んでこられた。地域の信頼《しんらい》の灯台《とうだい》として、その輝《かがや》きは一段《いちだん》と、使命の国土《こくど》を照《て》らしてやまない。

色心不二《しきしんふに》、依正不二《えしょうふに》の大生命哲理《だいせいめいてつり》を抱《いだ》きて、「生命の世紀」の先頭《せんとう》に立つ、誉《ほま》れの開拓者《かいたくしゃ》こそ、農村部だ。

私も、海苔屋《のりや》の息子《むすこ》である。一生涯《いっしょうがい》、農村部、漁村部の心で生きゆくことを、誇《ほこ》りと思ってきた。


「王《おう》は民《たみ》を親《おや》とし」「民《たみ》は食《じき》を天《てん》とす」（御書一五五四ページ）

御聖訓《ごせいくん》の一節《いっせつ》である。

いかなる指導者《しどうしゃ》も、自《みずか》らの親のごとく、最大に民衆《みんしゅう》を大切にせよ、民衆に尽《つ》くせ、民衆に仕《つか》えよ！

ここに、民主主義《みんしゅしゅぎ》の根本原理が明快《めいかい》に示《しめ》されている。なかんずく、「食《しょく》」を担《にな》う農村の方々《かたがた》こそ、一切の生命を支《ささ》え育《はぐく》む慈父《じふ》であり、悲母《ひも》の存在《そんざい》といってよい。


「白米《はくまい》は命《いのち》なり」

日蓮大聖人は仰《おお》せである。

「白米《はくまい》は白米にはあらず・すなはち命《いのち》なり」（御書一五九七ページ）――あなたの心が込《こ》められた、この白米は白米ではありません。あなたの一番大切な命そのものであると受けとめております、と。さらにまた、「民《たみ》のほね《骨》をくだける白米」（同一三九〇ページ）――民の骨《ほね》を砕《くだ》いて作った、尊《とうと》い労苦《ろうく》の結晶《けっしょう》の白米、とも言われている。

蓮祖《れんそ》が、どれほど「農」の心を大事にしておられたか。御聖訓《ごせいくん》を拝《はい》するたびに、私の胸《むね》は熱くなる。数々の御返事《ごへんじ》の冒頭《ぼうとう》に、御供養《ごくよう》の農作物への御礼《おんれい》が、律儀《りちぎ》なまで丁重《ていちょう》に記《しる》されていることも、その象徴《しょうちょう》である。

ある御手紙《おてがみ》にも――

「大豆《だいず》を一石《いっこく》ありがたく拝領《はいりょう》しました。法華経の御宝前《ごほうぜん》に、お供《そな》え申《もう》し上《あ》げました。一滴《いってき》の水を大海に投《な》げ入《い》れれば、三災《さんさい》があっても失《うしな》われない。（中略）一粒《ひとつぶ》の大豆を法華経に供養《くよう》すれば、法界《ほうかい》は皆《みな》、蓮華《れんげ》の世界（功徳《くどく》に満《み》ちた世界）となります」（御書一二一〇ページ、通解）と。

これが、大聖人の振《ふ》る舞《ま》いであられた。その御心《おこころ》を偲《しの》ぶにつけても、わが学会員の血の滲《にじ》む真心を踏《ふ》みつけた邪宗門《じゃしゅうもん》の忘恩《ぼうおん》の悪行《あくぎょう》は、永遠《えいえん》に許《ゆる》すことはできない。

「豊作《ほうさく》であるように！　飢饉《ききん》がないように！」

第三代会長に就任《しゅうにん》して以来、私の一貫《いっかん》した祈《いの》りである。

私は、愛する農村部の同志《どうし》とは、数多くの出会いと歴史を刻《きざ》んできた。

一九八七年（昭和六十二年）には、山形市内の農村青年のサクランボ園《えん》を訪問《ほうもん》する機会があった。丹精込《たんせいこ》められた真《ま》っ赤《か》なサクランボを、一緒《いっしょ》に摘《つ》ませていただきながら懇談《こんだん》した。労働時間の多さに比《くら》べて収益《しゅうえき》が少ないという経営《けいえい》の実情《じつじょう》も伺《うかが》った。新しい品種の開発などの打開策《だかいさく》を、私も真剣《しんけん》に考えた。

共《とも》に未来を展望《てんぼう》しつつ、「山形でも、世界でも、最高に輝《かがや》く農家に！」と、私は励《はげ》ました。

それから十五年後の昨年（＝二〇〇二年）の五月、この縁《えにし》のサクランボ園《えん》を営《いとな》む方《かた》の自宅《じたく》に、中国青年代表団《だいひょうだん》の一行《いっこう》が訪《おとず》れた。

団長《だんちょう》も、中国の農村の出身である。一行《いっこう》は、皆《みな》、私が農村の青年一人ひとりと対話を重《かさ》ねていることに、大変、驚《おどろ》かれたようだ。

そして、わが農村部の友が、いかに困難《こんなん》な状況《じょうきょう》にあっても、希望に燃《も》えて、誇《ほこ》り高く農業に取り組む姿《すがた》に、心から感動されていたという。

ともあれ、農村に明るい希望を贈《おく》りゆくことが、私たちの祈《いの》りであり、根本精神《こんぽんせいしん》だ。

農村を大事にしない社会は人間や生命を粗末《そまつ》にする野蛮《やばん》な社会となり、すべての面《めん》で行き詰《づ》まる――これが私の持論《じろん》である。今日《こんにち》の日本社会の閉塞感《へいそくかん》も、農村を軽視《けいし》してきたことが、その元凶《げんきょう》にあると思うのは、私一人ではあるまい。

以前、アメリカのフロリダ大学名誉教授で、農業経済学者《けいざいがくしゃ》のジェームス・R・シンプソン博士より、御著書《ごちょしょ》の『これでいいのか日本の食料』（山田優監訳、家の光協会。以下、同書から引用・参照）をお贈《おく》りいただいたことがある。

博士は、世界銀行、アジア開発銀行など多くの国際機関《こくさいきかん》でも貢献《こうけん》されてきた大学者であられる。その博士が、日本の各地の農家を訪問《ほうもん》し調査《ちょうさ》された経験《けいけん》を踏《ふ》まえつつ、日本の農家をどう守るか、日本の食の安全をどう守るかを、真剣《しんけん》に論《ろん》じられた名著《めいちょ》である。

私は深謝《しんしゃ》しながら、拝見《はいけん》させていただいた。

食物の五つの徳性《とくせい》

博士は、「食べることは生きること」であるとの理念《りねん》を明確《めいかく》に提示《ていじ》されている。それは、生命の尊厳性《そんげんせい》を探究《たんきゅう》し、食物と人間生命の関係も洞察《どうさつ》した仏法哲学《ぶっぽうてつがく》とも、深く響《ひび》き合うものだ。

仏法《ぶっぽう》では、食物の徳性《とくせい》を、五つに分けて考察《こうさつ》している。

第一に、生命を維持《いじ》し、寿命《じゅみょう》を保《たも》つ。

第二に、精神《せいしん》と身体の生命力を増大《ぞうだい》させる。

第三に、身体の輝《かがや》きや活力《かつりょく》ある姿《すがた》を生む。

第四に、憂《うれ》いや悩《なや》みを鎮《しず》める。

第五に、飢《う》えを癒《い》やし、衰弱《すいじゃく》を除《のぞ》く。

そして、その食物の価値《かち》を現実《げんじつ》に発現《はつげん》できるかどうかは、食べる側の人間の生き方によって決まると考えられているのである。(「彌蘭王問経」、『南伝大蔵経』59下所収、大正新脩大蔵経刊行会、参照)

まさしく、「食は命」であり、「食は文化」であり、「食は哲学《てつがく》」である。

食料の安全を守れ

さらにシンプソン博士は、食料《しょくりょう》を海外に依存《いそん》する日本の「食料依存率《りつ》」が六〇パーセントとなり、世界に類例《るいれい》のない規模《きぼ》に達していることに、大きな警鐘《けいしょう》を鳴《な》らされている。そして、日本国内の農業と食料の安全を断《だん》じて守り抜《ぬ》くため、具体的なアドバイスを送《おく》ってくださっているのだ。

私自身も、一九七四年（昭和四十九年）の本部総会で、国連による世界食糧会議《しょくりょうかいぎ》に符節《ふせつ》を合わせ、食糧問題への提言《ていげん》を発表した。

「日本は『食料自給率《しょくりょうじきゅうりつ》』を高めよ」

「食料《しょくりょう》は国家間の政争《せいそう》の具《ぐ》とされてはならない」

「世界の食料安全保障《しょくりょうあんぜんほしょう》、食料配分機構《はいぶんきこう》の体制《たいせい》を確立《かくりつ》していくべきである」等の内容《ないよう》であった。

この最《もっと》も根幹《こんかん》の「食」と「農」の問題に、皆《みな》が英知を結集《けっしゅう》していくべき時代だ。

私が創立《そうりつ》した戸田記念国際平和研究所は、五年前（＝一九九八年）、十二カ国の研究者の協力のもと、南アフリカで、食料安全保障等《しょくりょうあんぜんほしょうとう》を巡《めぐ》る国際会議《こくさいかいぎ》を開催《かいさい》した。そこでは、食料安全保障の確立《かくりつ》のためには、その国に「人権《じんけん》の社会」を根付《ねづ》かせることが不可欠《ふかけつ》であるとの結論《けつろん》になった。

民衆《みんしゅう》よ連帯《れんたい》せよ！

シンプソン博士も、食料《しょくりょう》は生命・自由・幸福を追い求める基本的人権《きほんてきじんけん》に不可欠《ふかけつ》であるという視点《してん》から、日本の民衆《みんしゅう》がもっと声を上げていくべきことを促《うなが》されている。

日本には、民衆《みんしゅう》が自分の力《ちから》で勝ち取った民主主義《みんしゅしゅぎ》と人権確立《じんけんかくりつ》の歴史が必要だ。民衆《みんしゅう》はもっと賢明《けんめい》に、もっと強く、もっと連帯しなくてはならない。

創価の民衆運動《みんしゅううんどう》の歴史的な意義《いぎ》の一つも、ここにある。

さらにシンプソン博士は、日本農業は、科学技術《かがくぎじゅつ》や情報機器《じょうほうきき》を積極的《せっきょくてき》に活用《かつよう》して、新しい可《か》能性《のうせい》を開いていく「知力《ちりょく》の時代」に入《はい》るべきだと提案《ていあん》されている。

「知力《ちりょく》」とは何か。

それは「①課題《かだい》を創造的《そうぞうてき》にとらえる、②想像力《そうぞうりょく》を駆使《くし》してさまざまな手法《しゅほう》を編《あ》み出《だ》す、③革《かく》新的《しんてき》な解決《かいけつ》を図《はか》る、④それらをきちんと評価《ひょうか》する」ことであると。すばらしい論点《ろんてん》である。

知力《ちりょく》の時代——それは、知識《ちしき》を主体的に生かしていく智慧《ちえ》の時代、人間生命それ自体のもつ創造力《そうぞうりょく》の開発の時代ともいえよう。

わが農村部の友も、「以信代慧《いしんだいえ》（信《しん》を以《も》って慧《え》に代《か》う）」の信仰《しんこう》を力《ちから》として、生き生きと智慧《ちえ》を発揮《はっき》し、工夫《くふう》をこらしておられる。その見事な実証《じっしょう》の一つひとつを、私は合掌《がっしょう》する思いで伺《うかが》っている。

農村ルネサンスを

東北で、「農村ルネサンス体験談大会」が、本格的《ほんかくてき》に開催《かいさい》されたのは、十年前の一九九三年のことである。この年は、戦後最悪と言われた凶作《きょうさく》の年であった。

私も、懸命《けんめい》に祈《いの》り、激励《げきれい》の手を打ち続けた。農村部の中枢《ちゅうすう》にも、「徹底《てってい》して同志《どうし》を励《はげ》まし、元気づけていただきたい」とお願いした。

この心を心として、東北農村部のリーダーは、農家を一軒《けん》また一軒と回ってくれた。

体験談大会は、この波動《はどう》の中から生まれたものである。

出席された来賓《らいひん》の方々《かたがた》からも、「農村に新しい活力《かつりょく》を与《あた》えてくれた！」「創価学会は、農業のことを真摯《しんし》に考えて行動している」など、絶讃《ぜっさん》の声が寄《よ》せられた。

これまで、東北で百三十一回、開催《かいさい》している。この十年間、月に一回以上は東北六県のどこかで行《おこな》われてきた計算となり、のべ六万人以上の方々《かたがた》が参加された。

そのうねりは全国に連動し、今、日本の津々浦々《つつうらうら》で「農村ルネサンス体験主張大会」が開かれ、農業に生きゆく誇《ほこ》りと喜びを大きく語り、広げている。

漁村部、また東北の漁光部の体験主張大会もまた、希望の輝《かがや》きを放《はな》ち始《はじ》めた。

ご関係の方々《かたがた》の熱き努力に、私は心から感謝《かんしゃ》したい。

残念ながら、今年（＝二〇〇三年）は、低温と日照不足《にっしょうぶそく》が続き、米は「十年ぶりの不作《ふさく》」となった。

しかし、その中でも、わが農村部の友は奮闘《ふんとう》している。

試練《しれん》に屈《くっ》しない、その前向きな雄々《おお》しき姿《すがた》こそ、地域《ちいき》の太陽であり、国土《こくど》の光明《こうみょう》だ。

仏法《ぶっぽう》の「一念三千《いちねんさんぜん》」の法理に照《て》らし、農家の方々《かたがた》の生命が威光勢力《いこうせいりょく》を増《ま》すならば、田や畑もまた、必ず威光勢力を増していくからである。


今、私は、インドにおける「緑の革命《かくめい》」の父として名高《なだか》い農学者のスワミナサン博士と対談を重《かさ》ねている。

博士は、核廃絶《かくはいぜつ》と世界不戦のために戦うパグウォッシュ会議の会長でもある。

私は、博士に申《もう》し上《あ》げた。

「農業を守り、支《ささ》える人こそが一番偉大《いだい》です。一番尊敬《そんけい》されるべき人なのです」

博士は会心《かいしん》の笑《え》みを浮《う》かべられた。

思えば、マハトマ・ガンジーは、〝農民こそ、世界の主人公なり〟と訴《うった》えている。

あの孫文《そんぶん》の「人民こそ皇帝《こうてい》なり」との宣言《せんげん》も、農民大連合に捧《ささ》げたスピーチであった。孫文は断言《だんげん》した。

「農民がすべて連合したときにこそ、われわれの革命《かくめい》は成功する」（『耕すものに田を』林要三訳、『孫文選集』2所収、社会思想社）と。

最《もっと》も讃《たた》えるべき人

ある哲学者《てつがくしゃ》が叫《さけ》んでいた。
——日本は、政治家《せいじか》ばかりが勲章《くんしょう》を貰《もら》っている。皆《みな》、最《もっと》も、私たちを生《い》き長《なが》らえさせてくれる原動力である農村の方々《かたがた》に、輝《かがや》く勲章《くんしょう》を贈《おく》るべきだ。政治家《せいじか》よ！　何を血迷《ちまよ》っているのか！　と。

いよいよ、農村部の皆様方《みなさまがた》こそが、世紀の主役として躍《おど》り出《で》る時がきた。農村青年が、凜々《りり》しくも、また逞《たくま》しく陸続《りくぞく》と育ち、若《わか》き「グリーンパワー（緑の力《ちから》）」を思《おも》う存分発揮《ぞんぶんはっき》していることも、実《じつ》に頼《たの》もしい限《かぎ》りだ。

「師子王《ししおう》の心」で！

さかのぼれば、あの「熱原《あつはら》の法難《ほうなん》」を、大聖人と共《とも》に戦い、殉《じゅん》じた誉《ほま》れの三烈士《さんれっし》も、農村の大英雄《だいえいゆう》であった。その雄姿《ゆうし》は、世界の人権闘争史《じんけんとうそうし》に燦然《さんぜん》と輝《かがや》きわたる。
「各各師子王《おのおのししおう》の心《こころ》を取《と》り出《いだ》して・いかに人《ひと》をどすともをづる事《こと》なかれ」
「師子王《ししおう》は百獣《ひゃくじゅう》にをぢず・師子《しし》の子《こ》・又《また》かくのごとし」

「彼等《かれら》は野干《やかん》のほう《吼》るなり日蓮が一門《いちもん》は師子《しし》の吼《ほう》るなり」(御書一一九〇ページ)わが農村部の先輩《せんぱい》たちも、この「師子王《ししおう》の心《こころ》」で、広宣流布《こうせんるふ》の道なき道を勝ち開いてきたのである。

半世紀前、戸田先生が、地方への広宣流布《こうせんるふ》の拡大《かくだい》の第一歩を踏《ふ》み出《だ》されたのは、農村の座談会からであった。

新たな五十年への拡大《かくだい》と開拓《かいたく》を、私は、最大に信頼《しんらい》する「宝《たから》の農漁村部」の皆様《みなさま》と共《とも》に開始したい。

「命」支《ささ》える労苦《ろうく》の皆様方《みなさまがた》に最敬礼《さいけいれい》！輝《かがや》け！地域の繁栄《はんえい》の灯台《とうだい》と君も私も

「随筆　人間世紀の光」２００５・２・９（『池田大作全集』第１３６巻所収）

大自然に嘘偽《うそいつわ》りはない

春は近しと、最《もっと》も美しい風が吹《ふ》いていた。

それは二〇〇三年の三月、深い親友であるゴルバチョフ元ソ連大統領と八度目の語らいの時である。

そこには悲しく歌いゆく人間の姿《すがた》はなかった。そして、苦悩《くのう》に沈《しず》みゆく人生の姿もなかった。

「ゴルバチョフ総裁《そうさい》の師匠《ししょう》は、誰《だれ》でしょうか」と私は伺《うかが》った。現在《げんざい》、ゴルバチョフ財団《ざいだん》の総裁である氏は、あの〝ゴルビー・スマイル〟を満面《まんめん》にたたえて、明快《めいかい》に、こう訴《うった》えられた。

「農民の生活が、私にとって、広い意味での先生でした。農民は、土とともに生き、そこから何かを生み出します。その生き方には、少しも嘘《うそ》がありません」

彼の声は、嬉《うれ》しそうであった。

大自然を前にしては、人間はあまりにも小さすぎる。その人間の小才《こさい》も、偽《いつわ》りも、ごまかしも一切きかないであろう。ゆえに正しき生き方とは、大自然によって自分自身が生かされていることへの「報恩《ほうおん》」と「感謝《かんしゃ》」の限《かぎ》りなき呼吸《こきゅう》ではないだろうか。

私も海苔屋《のりや》の息子《むすこ》であった。偉大《いだい》なる大統領でもあった彼の正直《しょうじき》に言わんとされる声に、私の心は深遠《しんえん》なる共鳴《きょうめい》の爆発《ばくはつ》をした。

わが敬愛《けいあい》する農村部、そして漁村部の皆様方《みなさまがた》も同じく、限《かぎ》りなく崇高《すうこう》な魂《たましい》をもって実感しておられるにちがいない。

人間が人間として生きていくための「食」が、農業、そして畜産物《ちくさんぶつ》と水産物《すいさんぶつ》を基《もとい》としていることは当然のことだ。私たちの生命の営《いとな》みは、農業、そして漁業に携《たずさ》わる方々《かたがた》の尊《とうと》い労苦《ろうく》と汗《あせ》のうえに成《な》り立《た》っていることは言うまでもない。

この一点で、大恩《だいおん》ある農村部の方々《かたがた》、そして漁村部の方々に最大に感謝《かんしゃ》し、その忍耐強《にんたいづよ》く勇《ゆう》敢《かん》なる正義《せいぎ》の行動に対して、私たちは最敬礼《さいけいれい》をしなければならない。「IT（情報技術《じょうほうぎじゅつ》）革命《かくめい》」がどんなに進んでいこうが、新鮮《しんせん》な穀物《こくもつ》や野菜を食べていかなければ私たち人間は力《ちから》が出ない。

日蓮大聖人の聖典《せいてん》に、「食物三徳御書《しょくもつさんとくごしょ》」（御書一五九八ジ）という御手紙《おてがみ》がある。そこには、「食」の三つの働きが説《と》かれている。

（1）「命をつぎ」——生命を維持《いじ》する働き。

（2）「いろをまし《色》」――健康を増《ま》す働き。
（3）「力《ちから》をそう《添》」――心身《しんしん》の力を盛《さか》んにする働き。

まさに「食は命」である。この「食」がなければ、永遠《えいえん》に人生には歓喜《かんき》の春はやってこない。私たちが食事の前に手を合わせ、「いただきます」と教えられてきたのも、我《われ》らの命を支《ささ》える「食」への感謝《かんしゃ》の心から、当然、生まれきたものである。

あの暗い敗戦の年、「瑞穂《みずほ》の国」であるべき日本列島は大凶作《だいきょうさく》であった。とにかく食べるものがなかった。人間でなくして畜生《ちくしょう》の如《ごと》く、その日その日を食べることに狂奔《きょうほん》していた。情《なさ》けなかった。人間として生まれてきたくなかった。皆《みな》の心が、そういう気持ちであったにちがいない。

「餓死対策《がしたいさく》」を政府《せいふ》に要望《ようぼう》する国民大会が行《おこな》われたこともあった。皆《みな》、痩《や》せ細《ほそ》っていた。哀《あわ》れであった。

買い出し買い出しで、列車は米や野菜や芋《いも》の入《はい》ったリュックなどの荷物で、ごった返していた。「誰《だれ》に責任《せきにん》があるのか」と、多くの人びとは怒《いか》りをもって唾《つば》を吐《は》く思いで罵《ののし》った。

当時、戸田先生はこの窮状《きゅうじょう》を見ながら、怒気《どき》を含《ふく》んで叫《さけ》ばれた。

「日本は、瑞穂《みずほ》の国じゃないか！　飢饉《ききん》なんか、ないはずの国じゃないのか！」

「瑞穂《みずほ》」とは、みずみずしい稲《いね》の穂《ほ》のことである。「瑞穂の国」とは、稲作《いなさく》が発展《はってん》したわが国の美称《びしょう》であった。それが無残《むざん》にも総崩《そうくず》れした。東京をはじめ、都市部の食料《しょくりょう》不足《ぶそく》はあまりにも深刻《しんこく》であった。

先生はこの問題の本質《ほんしつ》を鋭《するど》く見抜《みぬ》かれて、こう語った――農村を長年、下に見ていた都会人の慢心《まんしん》だよ。食べ物がなくなって初めて、ずっと下に見ていた農村に頭《あたま》を下げて都会人が買い出しに行くのだ。農村の大切さがやっとわかったのだ――と。

翻《ひるがえ》って、現代《げんだい》の日本はどうであろうか？

わが国の食料自給率《しょくりょうじきゅうりつ》（カロリーベース）は四〇パーセント。いわゆる先進国の中では、極《きわ》めて低い。穀物《こくもつ》自給率は二八パーセント。なんと世界百二十四位の低さだ（二〇〇二年）。

もちろん国内で不足《ふそく》する分は世界から補《おぎな》っているが、これでは「都市」が「日本」に、「農村」が「世界」に置《お》きかわっただけである。戸田先生が鋭《するど》く喝破《かっぱ》された「農村を『下』に見る」体質《たいしつ》は、今も全《まった》く変わっていないのではなかろうか。この傲慢《ごうまん》なる〝転倒《てんとう》〟を、謙虚《けんきょ》に、また賢明《けんめい》に正さなければ、日本の未来はあまりにも暗い。

日蓮大聖人は、「草木《そうもく》は大地《だいち》なくして生長《せいちょう》することはない」（御書九〇〇ページ、通解）と言われた。

人間は「大地」を母とする。ゆえに、母なる大地に根ざし、命を支《ささ》える「農」を軽んじる所業《しょぎょう》は、結局、自分自身を侮辱《ぶじょく》し、腐《くさ》らせていくことに等しいのだ。

また大聖人は、御自身《ごじしん》を「草木《そうもく》」に譬《たと》えられ、「師匠《ししょう》は大地《だいち》の如《ごと》し」（同ページ）と、深く深く感《かん》謝《しゃ》しておられる。反対に、師恩《しおん》の大地を裏切《うらぎ》った忘恩《ぼうおん》の弟子は、腐《くさ》り枯《か》れ果《は》てていくのである。

ともあれ、農村を大切にしない社会は、生命を粗末《そまつ》にする野蛮《やばん》な社会となり、すべての面で行き詰《づ》まる。私には、インドの「緑の革命《かくめい》」の父スワミナサン博士の言葉が思われてならない。「農民が不幸な国は、どんな国民も幸福ではありません。農民の幸せな笑顔《えがお》が、その国の幸福を決める。私はそう思っています」（『「緑の革命」と「心の革命」』、『池田大作全集』第140巻所収）

ここに「生命の世紀」への重大なる急所《きゅうしょ》があるのだ。私は、農業、そして漁業を営《いとな》まれる方々《かたがた》の幸せな笑顔《えがお》輝《かがや》く社会の建設《けんせつ》へ、宝《たから》の農漁村部の皆様《みなさま》とともに、一段《いちだん》と強く、取り組んでいく決心である。

今月（＝二〇〇五年二月）、2・17「農村部の日」を記念し、第八回「農漁村ルネサンス体験主張大会」が盛大《せいだい》に開催《かいさい》される。私も登壇《とうだん》される方《かた》の原稿《げんこう》を拝見《はいけん》したが、誠《まこと》にすばらしい体験で感動した。

この一年も、「農村ルネサンス体験主張大会」や「漁村ルネサンス体験主張大会」、さらには太陽の女性たちによる主張大会、後継《こうけい》の青年たちによる主張大会が、日本の津々浦々《つつうらうら》で行《おこな》われることもお聞きしている。心から大成功、大勝利をお祈《いの》りしたい。

ともあれ仏法《ぶっぽう》は、一番、苦労した方々《かたがた》が、一番、幸福になるためにある。「陰徳《いんとく》あれば陽報《ようほう》あり」（御書一一七八ページ）と御聖訓《ごせいくん》に仰《おお》せである。この厳《げん》たる仏法《ぶっぽう》の法理を、農漁村で働く皆様《みなさま》こそ強く確信《かくしん》していただきたい。労苦《ろうく》の汗《あせ》と涙《なみだ》を、必ず勝利に輝《かがや》く黄金の稲穂《いなほ》に変えていくのだ！　これは皆様《みなさま》の使命であり、責務《せきむ》である。そして、勝利である。

草創《そうそう》以来《いらい》、農漁村地域で戦ってきた同志《どうし》の苦労は、並大抵《なみたいてい》ではなかった。村中、町中から嘲笑《ちょうしょう》され、無数の悪口《あっこう》も言われてきた。卑劣《ひれつ》な村八分《むらはちぶ》もあった。あまりに長い冬に溜《た》め息《いき》をつくように、わが地域《ちいき》の広宣流布《こうせんるふ》が遅々《ちち》として進まないと、何度も泣きながら題目を唱えたこともあった。

だが歯を食いしばって、自身のため、家族のため、地域のため、創価の旗《はた》を厳然《げんぜん》と掲《かか》げて戦い抜《ぬ》いた。炎《ほのお》の「勇気」で！　常《つね》に変わらぬ「誠実《せいじつ》」で！　そして鉄の「忍耐《にんたい》」で！

皆様方《みなさまがた》は、大聖人に賞讃《しょうさん》され、十方《じっぽう》の仏菩薩《ぶつぼさつ》から守護《しゅご》されゆく幸福の長者《ちょうじゃ》として、勝利の人間として、三世《さんぜ》にわたり輝《かがや》く「絶対的幸福《ぜったいてきこうふく》の軌道《きどう》」を歩《あゆ》んでいかれるのだ。

これが仏法《ぶっぽう》だ。因果《いんが》の法則《ほうそく》だ。

蓮祖《れんそ》は厳然《げんぜん》と仰《おお》せだ。

「冬《ふゆ》は必《かなら》ず春《はる》となる」（御書一二五三ページ）

この通りに、大きく時代は変わってきた。希望の春は来たのだ！　我《われ》らが妙法《みょうほう》を唱え、我《われ》らが生き抜《いぬ》く大地だ。郷土《きょうど》だ。必ず妙法に包《つつ》まれ、自他《じた》ともに栄《さか》える、広宣流布《こうせんるふ》の天地へと開かれゆくのだ。仏法《ぶっぽう》の労苦《ろうく》の汗《あせ》に、絶対《ぜったい》に無駄《むだ》はないのだ。

災害《さいがい》がうち続いた昨年（＝二〇〇四年）のように、台風、冷害、干《かん》ばつ、伝染病《でんせんびょう》等との戦いに休みはない。また市場《しじょう》の動向《どうこう》に左右され、「豊作《ほうさく》」「豊漁《ほうりょう》」の喜びを突然《とつぜん》、曇《くも》らされる時さえある。しかし、現実《げんじつ》が厳《きび》しければ厳しいほど、自分のためにも、皆《みな》のためにも、断《だん》じて負けて

はならない。「善徳《ぜんとく》はすべてに打ちかつ。そして自《みずか》らは何ものにも打ち負かされない」（『人生の道』下、原久一郎訳、岩波文庫）

これは農村の改革《かいかく》に尽《つ》くしたロシアの大文豪《だいぶんごう》トルストイの確信《かくしん》であった。人生は「勝負」だ。どこまでも勝つか負けるかだ。祈《いの》りは、勝利の原動力である。祈《いの》りは、建設《けんせつ》の推進力《すいしんりょく》である。祈りは、一家一族の勝利の道である。

御聖訓《ごせいくん》には、「植《う》えた木であっても、強い支柱《しちゅう》で支《ささ》えておけば、大風《おおかぜ》が吹《ふ》いても倒《たお》れない」（御書一四六八ジペー、通解）とある。いわば、自《みずか》らが何ものにも揺《ゆ》るがない「大樹《たいじゅ》」となり、さらに、愛するわが郷土《きょうど》にあっては皆《みな》の「強い支え」となる存在《そんざい》こそ、我《われ》ら妙法護持《みょうほうごじ》の農村部・漁村部の皆様方《みなさまがた》なのである。

妙法護持《みょうほうごじ》の人は、無上宝聚《むじょうほうじゅ》を持《たも》ちたる人である。相互扶助《そうごふじょ》、そして助け合いが不可欠《ふかけつ》な地域《ちいき》社会であればあるほど、農村部・漁村部の皆様《みなさま》は、いよいよ大切な柱《はしら》であり、偉大《いだい》にして誠実《せいじつ》な、勝利の光り輝《かがや》く太陽となっていくのだ。その大使命があることを忘《わす》れまい。

私は、青春時代から愛読《あいどく》してきたトルストイの、この言葉も忘《わす》れることができない。「農業は人間にふさわしい職業《しょくぎょう》のなかの一つというわけではない。農業こそ万人《ばんにん》にふさわしい、最大の独立性《どくりつせい》と幸福とを与《あた》える唯一《ゆいいつ》の職業《しょくぎょう》なのである」（『文読む月日』下、北御門二郎訳、筑摩書房）

その通りだ。全《まった》くその通りである。

どうか健康第一で、ご長寿《ちょうじゅ》で、建設《けんせつ》と忍耐《にんたい》の大王者として、この尊《とうと》き一生を、〝地域の灯台《とうだい》〟〝希望の灯台〟となり、そして「農業の大英雄《だいえいゆう》」「漁業の大英雄」となって、生《い》き抜《ぬ》いていただきたい。

私は、尊《とうと》い皆様方《みなさまがた》に最敬礼《さいけいれい》して、「永遠《えいえん》に、ご一家に栄光あれ」と祈《いの》り、「万歳《ばんざい》！　万歳！」を贈《おく》ります。

農漁村の春の喜び
人も自然も輝《かがや》け！　立正安国《りっしょうあんこく》の大地

「随筆　人間世紀の光」2009・3・1（『池田大作全集』第139巻所収）

冬去《さ》りて
　春は来たれり
　　晴れ晴れと
必ず芽《め》を吹《ふ》く
私も　あなたも

「農業ほど王者に相応《ふさわ》しいことはない」（『老年の豊かさについて』八木誠一・八木綾子訳、法蔵館）
これは、古代ローマの哲学者《てつがくしゃ》キケロが先人《せんじん》から学んだ確信《かくしん》である。
彼《かれ》は、農業こそ「全人類の健康に資《し》するという意義《いぎ》ある務《つと》めを果《は》たしている」（『大カトー・老年について』中務哲郎訳、『キケロー選集』9所収、岩波書店）とも洞察《どうさつ》していた。
我《われ》ら人類の健康と命を支《ささ》える食も、未来を開く活力《かつりょく》も、農漁村から生まれる。

まさしく、わが農村部、また、わが漁村部の〝宝《たから》の同志《どうし》〟こそ、人間の王者であり、生命尊厳《せいめいそんげん》の「誉《ほま》れの英雄《えいゆう》」なのである。

日本列島に春を告《つ》げゆく陽光《ようこう》のように、「農漁村ルネサンス体験主張大会」が、全国で明るく行《おこな》われた。集《つど》い来る〝農漁村部〟(=現・農漁光部)の友の笑顔《えがお》は、なんと神々《こうごう》しく、なんと晴れがましい輝《かがや》きを放《はな》っておられることか。

私も、今回、発表された、埼玉県、北海道、広島県のご家族のすばらしい体験を、涙《なみだ》する思いで伺《うかが》った。

出席くださった各地の名士《めいし》の方々《かたがた》からも、感銘《かんめい》と賞讃《しょうさん》の声が寄《よ》せられている。

福島県の大玉村《おおたまむら》を牽引《けんいん》されるご来賓《らいひん》も、慈父《じふ》の如《ごと》く語ってくださった。

「体験を語る青年の手は、節《ふし》くれ立《だ》った『働く人の手』でした。ご夫妻《ふさい》で、どれほど苦労し、働いてきたことか。『信は力《ちから》なり。巌《いわお》も貫《つらぬ》き通《とお》す』と感動しております」

特に東北では、十の会館で、主張大会とともに、「農村女性フォーラム」が晴れやかに開催《かいさい》された。

多くの女性《じょせい》リーダーの方々《かたがた》も来館され、一足早《ひとあしはや》い「ひな祭り」の如《ごと》く、楽しく賑《にぎ》やかに、希望の対話の花が咲《さ》き広がったようだ。

農漁村部の友は、わが村、わが地域の一年の豊作《ほうさく》また大漁《たいりょう》、そして繁栄《はんえい》を真剣《しんけん》に祈《いの》り、「青年・勝利の年」の先頭《せんとう》を前進されている。

人間の運命を「冬の果樹《かじゅ》」に譬《たと》えたのは、ドイツの大文豪《だいぶんごう》ゲーテである。

「そのこわばった大枝《おおえだ》や、そのぎざぎざした小枝《こえだ》が、次の春にはふたたび緑に萌《も》え、花をひらき、それから実《み》をつけることができようなどと、だれが考えることができましょう。しかし、われわれはそれを期待します、われわれはそれを知っているのです」（『ウィルヘルム・マイステルの遍歴時代』上、関泰祐訳、岩波文庫）

味わい深い言葉である。

かつて農漁村部の友から聞いた一言《ひとこと》が、今もって、私の胸《むね》から離《はな》れない。

「農作物は、収穫《しゅうかく》が終わるとすぐ、次の年の準備《じゅんび》をします。作付《さくづ》け前に施《ほどこ》す元肥《もとごえ》や、芽吹《めぶ》く前の剪定《せんてい》は、春になってから行《おこな》っては、もう遅《おそ》いからです」

漁業でも、冬の間に漁網《ぎょもう》や船の修理《しゅうり》を行い、万全《ばんぜん》の態勢《たいせい》で春を迎《むか》えるという。さらに、冬こそが最盛期《さいせいき》の漁も少なくない。

一歩先《いっぽさき》んじて、準備《じゅんび》を怠《おこた》らない。日々、倦《う》まず弛《たゆ》まず努力する——万事《ばんじ》、勝敗を決するのは、この人事を尽《つ》くす道理にある。

限《かぎ》りない恵《めぐ》みをもたらす一方、時に峻烈《しゅんれつ》を極《きわ》める大自然だ。

なればこそ、謙虚《けんきょ》に、大地と語り合い、大海《たいかい》と向き合わねばならない。

大宇宙《だいうちゅう》と最《もっと》も誠実《せいじつ》に「生命の対話」を重《かさ》ねながら、最も勇敢《ゆうかん》に、最も聡明《そうめい》に、最も忍耐強《にんたいづよ》く、「冬《ふゆ》は必《かなら》ず春《はる》となる」との法則《ほうそく》を証明《しょうめい》してこられたのが、農漁村部の盟友《めいゆう》である。

〽春を信じて　厳冬《げんとう》の
原野《げんや》に 海に 毅然《きぜん》と挑《いど》む

（作詞・農漁光部有志）

私も大好きな、農漁村部（＝農漁光部）歌「誉《ほま》れの英雄《えいゆう》」の一節《いっせつ》だ。
以前、私は、豊《ゆた》かな農漁村を擁《よう》する三重県の同志《どうし》に、こう書《か》き綴《つづ》らせていただいた。
「辛《つら》くとも
　その辛さの分だけ
　幸《さち》と福の糧《かて》となるを
　信じて」
残念ながら、現実《げんじつ》の農業者、漁業者の皆様《みなさま》の尊《とうと》き労苦《ろうく》は、決して十分に報《むく》われているとはいえない。
農漁業をめぐる国際化《こくさいか》、食習慣《しょくしゅうかん》や嗜好《しこう》の変化なども、大きく影響《えいきょう》している。ことに、昨年（＝二〇〇八年）は、燃料《ねんりょう》の高騰《こうとう》などで、一斉休漁《いっせいきゅうりょう》を余儀《よぎ》なくされるなど、困《こん》難《なん》を極《きわ》めた漁業関係者も多くおられた。
現在《げんざい》の世界的な大不況《だいふきょう》も、農漁業の厳《きび》しさを倍加《ばいか》させている。

農産物は、「食」として人びとの「命を継《つ》ぐ」ものである一方、工業製品《こうぎょうせいひん》とは異《こと》なり、不安定な天候等に翻弄《ほんろう》され、懸命《けんめい》に重《かさ》ねた努力の結実《けつじつ》を、一夜にして奪《うば》われてしまうこともある。どんなに悔《くや》しいことか。

今日《こんにち》、農産物は時に投機《とうき》の対象《たいしょう》にもなり、「マネーゲーム」によって、市場価格《しじょうかかく》は乱高下《らんこうげ》を繰《く》り返《かえ》す。

それによって左右され、苦しめられるのは、いつも庶民《しょみん》であり、真面目《まじめ》に生きている生産者だ。

「価格《かかく》ではありません。自分に納得《なっとく》のいく品質《ひんしつ》のものを、、供給《きょうきゅう》したいのです」

「『おいしかった!』の一言《ひとこと》で、それまでの苦労も吹き飛《ふと》びます」

日焼けした笑顔《えがお》で語る、誠実《せいじつ》な〝農の心〟の前には、狡猾《こうかつ》なマネーゲームなど、あまりにも浅《あさ》はかに映《うつ》る。

米国の女性作家パール・バックは、名作『大地』に書いている。

「銀貨《ぎんか》は、土《つち》から生まれたのだ。彼が耕《たがや》し、掘《ほ》りかえし、彼自身の労苦《ろうく》を注《つ》ぎこんだ彼の土から。彼はこの土から生《せい》を得《え》たのだ。一粒《ひとつぶ》、一粒と汗《あせ》をしたたらせて土から実《みの》りをもぎとり、その実りから、こんどは銀貨《ぎんか》をもぎとったのだ」(『大地』1、小野寺健訳、岩波文庫)

農畜産物《のうちくさんぶつ》も、水産物も、それが人びとの口《くち》に入《はい》るまでには、生産者のどれほどのご苦労があり、どれほどの真心が込《こ》められているか、計《はか》り知《し》れない。

そこには、単なる「お金」には換《か》えられない、気高《けだか》き汗《あせ》が光り、渾身《こんしん》の生命の貢献《こうけん》が輝《かがや》いている。

その苦労を感じられなくなった時、人間は傲慢《ごうまん》になる。その真心を忘《わす》れ去《さ》った時、人生は堕《だ》落《らく》する。

「いただきます」——その一言《ひとこと》を、生産者の方々《かたがた》へ感謝合掌《かんしゃがっしょう》の心で発《はっ》していくことが、大切な「食育《しょくいく》」の出発点ではないだろうか。

日蓮大聖人は、御供養《ごくよう》の品々について、農水産物だけでも、数十種もの名前を丁寧《ていねい》に記《しる》し残《のこ》されている。

しかも、例《たと》えば「米」を見ると、米・八木《こめ》・白米《はくまい》・能米《のうまい》・乃米《のうまい》・生米《きごめ》・舋牙《しらよね》（しょうげ）など、表記《ひょうき》もまことに多彩《たさい》である。

このうち、白米《はくまい》・舋牙《しらよね》は精白米《せいはくまい》を、能米《のうまい》・乃米《のうまい》・生米《きごめ》は精白《せいはく》していない玄米《げんまい》を言った。

また、「八木《こめ》」は米の字を分解《ぶんかい》したもの、「舋牙《しょうげ》」は中国由来の言葉で、キバノロという鹿《しか》の牙《きば》が細くて白いことから、上等《じょうとう》の白米《はくまい》の別称《べっしょう》とされたのである。

このほか御書には、保存食《ほぞんしょく》の「干飯《ほしいい》」「焼米《やきごめ》」、また「餅《もち》」「粽《ちまき》」などもある。

一つ一つ、どれほど大事に記《しる》された言葉であろう。

大聖人にとって、門下がお届《とど》けした米は、単なるモノではなかった。

粒々辛苦《りゅうりゅうしんく》の結晶《けっしょう》を、「民《たみ》のほね《骨》をくだける白米《はくまい》」（御書一三九〇ページ）、「白米《はくまい》は白米にはあらず・

すなはち命《いのち》なり」（同一五九七ジペー）とまで言われた。

まさに、お届《とど》けした弟子の尊極《そんごく》の生命そのものとして受け取っておられる。

この御本仏《ごほんぶつ》の御心《おこころ》に照《て》らしても、供養《くよう》を貪《むさぼ》る〝食法餓鬼《じきほうがき》〟〝拝金宗《はいきんしゅう》〟と化《か》した日顕一派《にっけんいっぱ》が、いかに師敵対《してきたい》の邪宗門《じゃしゅうもん》か、あまりにも明白である。

すばらしき
緑と緑の
この楽土《らくど》
われらの誇《ほこ》りと
友の笑顔《えがお》は

わが農漁村部の皆様方《みなさまがた》は、春夏秋冬《しゅんかしゅうとう》、あの地、この地で、地道に朗《ほが》らかに、郷土《きょうど》に貢献《こうけん》し、自《みずか》らが地域社会を照《て》らす「太陽」となって歩《あゆ》んでこられた。

都会を離《はな》れ、東北の農村に移《うつ》った婦人の話である。

——稲作《いなさく》と畜産《ちくさん》の農家に嫁《とつ》いだ彼女は、生活時間帯《じかんたい》も、日常《にちじょう》の言葉も、何もかもが一変した。物思《ものおも》えば、以前の生活が懐《なつ》かしかった。悶々《もんもん》と唱題していた時に、〝現実《げんじつ》から逃《に》げて幸福はない、今いる場所で勝て〟との学会指導《しどう》を学んだのである。

「そうだ。〝この地〟で生《い》き抜《ぬ》こう！」

彼女は顔を上げた。前を見つめて、地域《ちいき》の人びとの中へ飛《と》び込《こ》んだ。

水田に入った。泥《どろ》まみれになって、土《つち》と格闘《かくとう》した。不作《ふさく》の年は近隣《きんりん》の方々《かたがた》と共に涙《なみだ》を流し、翌年の勝利を誓《ちか》い合った。

いつしか覚《おぼ》えた地元訛《じもとなま》りも、土地に根付《ねづ》いた誇《ほこ》りと感じた。

彼女が心から郷土《きょうど》を大好きになった時、彼女の笑顔《えがお》も郷土に欠《か》かせない太陽となっていたのだ。

「御義口伝《おんぎくでん》」には仰《おお》せである。

「法華経《ほけきょう》を持《たも》ち奉《たてまつ》る処《ところ》を当詣道場《とうけいどうじょう》と云《い》うなり此《ここ》を去《さ》つて彼《かしこ》に行《い》くには非《あら》ざるなり」

「今日《いま》蓮等《とう》の類《たぐ》い南無妙法蓮華経と唱《とな》え奉《たてまつ》る者《もの》の住処《じゅうしょ》は山谷曠野《せんごくこうや》皆寂光土《みなじゃっこうど》なり」（御書七八一ジペー）

「今いる場所」――ここが、わが使命の本舞台《ほんぶたい》となり、常寂光土《じょうじゃっこうど》となる。

戸田城聖先生は言われた。

「負けるものかと、デンと肚《はら》をすえて頑張《がんば》るのです」

「絶対《ぜったい》に人生の苦難《くなん》に屈《くっ》してはならない。必ずや、後になれば、あの時、頑張《がんば》り抜《ぬ》いて本当に良かったと、爽《さわ》やかに思い返せるものだ」

この日蓮仏法《ぶっぽう》の真髄《しんずい》を、わが東北の同志《どうし》は、粘《ねば》り強《づよ》く実践《じっせん》し抜《ぬ》いて、「勝利の人材城《じんざいじょう》」を築《きず》き上《あ》げてこられた。東北の友を、こよなく愛しておられた戸田先生も、いかばかり喜んでくださることであろうか。

荒波《あらなみ》に
　打たれ鍛《きた》えよ
　　民衆《みんしゅう》の
英雄《えいゆう》なりせば
　　忍辱王者《にんにくおうじゃ》と

漁村部の友も、懸命《けんめい》に奮闘《ふんとう》されている。

ある四国のメンバーは、真摯《しんし》に悩《なや》んでいた。高齢化《こうれいか》が進む漁村に活気《かっき》を取《と》り戻《もど》すには、どうすればいいか。必死だった。祈《いの》っては考え、考えては祈った。

そうだ！「海」に触《ふ》れる機会《きかい》の少ない都会の子どもたちを漁村に招《まね》いて、体験学習を行《おこな》ってはどうか。

だが、ただでさえ忙《いそが》しい漁業者の毎日である。それに加《くわ》えて体験学習となれば、皆《みな》の負担《ふたん》も大きい。しかし、彼は熱く訴《うった》えていった。〝多忙《たぼう》な時間を、街《まち》の活性化《かっせいか》のために割《さ》き、子どもの情操《じょうそう》を養《やしな》うために使ってもらいたい！〟――その意気《いき》に感じて、漁師仲間《りょうしなかま》が結束《けっそく》した。

「みんな、子どもたちのために、一肌脱《ひとはだぬ》ごうじゃないか！」と。

そして、迎《むか》えた初の体験学習の日――。

海の男たちは、やって来た子どもを船に乗せ、懸命《けんめい》に漁業の説明を行った。

「海はいいなー」

子どもたちの目が輝《かがや》き、歓声《かんせい》が波間《なみま》に響《ひび》くと、潮風《しおかぜ》を受けた漁師《りょうし》たちの顔《かんばせ》には会心《かいしん》の笑《え》みが浮《う》かんだ。

この試《こころ》みは、漁村に大きな活力《かつりょく》を送った。

「海には壮大《そうだい》なる風景ありて精神《せいしん》を養《やしな》に足《たる》と同時に酸素《さんそ》充々《みちみち》て人の健康を養に足る《た》」（「海の楽」、『國木田独歩全集』1所収、学習研究社）とは、私が青春時代に愛読した国木田独歩《くにきだどっぽ》の一節《いっせつ》である。

ともあれ、わが同志《どうし》が一人立てば、新たな波が起きる。勇気の一人がいれば、変化の風が起きるのだ。

「挑戦《ちょうせん》の心と広布後継《こうふこうけい》の誓《ちか》いを込《こ》めて、私が育てた桃《もも》です！」

中国地方の農村青年が、ある時、それはそれは美事《みごと》な白桃《はくとう》を送ってくれた。

聞けば、大学を出て会社勤《かいしゃづと》めをしていたが、就農《しゅうのう》への思いを断《た》ち切《き》れなかったという。そんな彼の一途《いちず》な真剣《しんけん》さに、義祖父《ぎそふ》が農地の伝《つて》を探《さが》してくれたのだ。

ほのかに赤みを差《さ》した大きな光り輝《かがや》く白桃《はくとう》は、彼の熱き挑戦《ちょうせん》の心の勝利を讃《たた》えているかのようだった。

私は早速《さっそく》、御宝前《ごほうぜん》にお供《そな》えさせていただいた。そして「天下一《てんかいち》」と感謝《かんしゃ》を歌に託《たく》した。

「仏法《ぶっぽう》は勝負」である。

フランスの文豪《ぶんごう》ビクトル・ユゴーは叫《さけ》んだ。

「俺《おれ》は正義《せいぎ》の種《たね》を播《ま》く」（『剣』川路柳虹訳、『ユーゴー全集』8所収、ユーゴー全集刊行会）

青年ならば恐《おそ》れなく信念の〝種〟を蒔《ま》くことだ。そして粘《ねば》り強《づよ》く勝利の〝果実《かじつ》〟を育てていくことだ。

今、農業も漁業も、都会をはるかに上回《うわまわ》る高齢化《こうれいか》に直面している。深刻《しんこく》な後継者不足《こうけいしゃぶそく》で、耕作《こうさく》されなくなった水田や畑も多い。しかし、負けるわけにはいかない。新たな前途《ぜんと》を開く、創意《そうい》と工夫《くふう》の知恵《ちえ》が、いよいよ求められる。そのなかで、わが創価の農村青年の姿《すがた》が、どんなに生き生きと新生《しんせい》の光を送っていることか。
一、君よ、「生命の世紀」の先頭《せんとう》を走れ！
一、君よ、農漁村ルネサンスの旗《はた》を振《ふ》れ！
一、君よ、師弟《してい》の「光《ひかり》の道」を勝ち進め！
今回、決定した農村青年委員会（＝農漁光青年委員会）のモットーである。

釈尊《しゃくそん》は、世界一のヒマラヤを仰《あお》ぐネパールの大地に誕生《たんじょう》された。

日蓮大聖人は、世界一の太平洋に開かれた房総《ぼうそう》の天地に聖誕《せいたん》なされた。そして「海人《あま》が子《こ》なり」（御書三七〇ページ）と、誇《ほこ》り高く御出自《ごしゅつじ》を宣言《せんげん》しておられる。

御聖訓《ごせいくん》には、幼《おさな》き日、故郷《こきょう》の磯《いそ》のほとりで御覧《ごらん》になった海苔《のり》を思い起こされる一節《いっせつ》も記《しる》されている。

二十二年前（＝一九八七年）、千葉の船橋《ふなばし》文化会館を訪問《ほうもん》した折《おり》、同志《どうし》が前庭《まえにわ》に、海苔干《のりほ》し場《ば》を再現《さいげん》してくれていた。

私も、大田区の海苔屋《のりや》の息子《むすこ》である。懐《なつ》かしさのあまり、しばし足を止めた。

先師《せんし》牧口常三郎先生は、新潟「荒浜《あらはま》」の寒村《かんそん》の出身《しゅっしん》を、生涯《しょうがい》の原点とされた。恩師《おんし》戸田先生の誇《ほこ》りも、石川の漁村に生まれ、北海道では「荒海《あらうみ》」という意義《いぎ》をもつ「厚田《あつた》」に育った庶民《しょみん》であることであった。

創価の三代も、皆《みな》、農漁村部であるといってよい。

大聖人は「立正安国《りっしょうあんこく》」が実現《じつげん》した社会を、「義農《ぎのう》の世《よ》」（御書五〇二㌻）と示《しめ》されている。人心《じんしん》が安らかで、自然環境《しぜんかんきょう》も穏《おだ》やかな社会――その模範《もはん》の姿《すがた》を、中国古代の伝説上の帝王《ていおう》「伏義《ふっき》」と「神農《しんのう》」の時代、すなわち「義農《ぎのう》の世《よ》」に求《もと》められたのである。

伏義《ふっき》は、網《あみ》を作って民衆《みんしゅう》に漁猟《ぎょりょう》を教えたとされる。一方、神農《しんのう》は、その名の通り、農耕《のうこう》を人びとに授《さず》けた。

一国を安定させ、豊《ゆた》かにしゆくために、農漁業がいかに重要か――。

大聖人が、創価の農漁村部のメンバーへ、直々《じきじき》に、誇《ほこ》り高き使命の偉大《いだい》さを教えてくださっているように、私には拝《はい》されてならないのである。

インド近代農業の父スワミナサン博士は、私との対談で力説《りきせつ》しておられた。

「人間と食物の関係は、単に生命を維持《いじ》するだけのものではなく、文化を支《ささ》え、自然への畏《い》敬《けい》の念を支《ささ》えるものなのです。食物は、人間を謙虚《けんきょ》にします。

私たちは、この『自然』と『農業』と『文化』の三角関係をさらに強化しなければならないと、強く信じています」(『「緑の革命」と「心の革命」』、『池田大作全集』第140巻所収)

農漁村を使命の舞台《ぶたい》として活躍《かつやく》する皆様方《みなさまがた》こそ、最先端《さいせんたん》の「生命共生《せいめいきょうせい》の哲人《てつじん》」「文化《ぶんか》創造《そうぞう》の旗手《きしゅ》」なのだ。

なかんずく、スワミナサン博士が、人類の栄光と勝利の象徴《しょうちょう》とされていたのは、農漁村に生きゆく女性たちの笑顔《えがお》である。

愛する地域《ちいき》の方々《かたがた》と共《とも》に、皆様《みなさま》が最高の充実《じゅうじつ》と幸福を満喫《まんきつ》できる地域社会を創《つく》りゆくことこそ、調和と共生《きょうせい》の新たな地球文明の夜明けとなる。

ゆえに、何があっても負けない黄金の実《みの》りの開拓者《かいたくしゃ》たれ！　大漁《たいりょう》の旗《はた》高《たか》く功徳《くどく》薫《かお》る人生たれ！

私は、妻《つま》と共《とも》に、皆様《みなさま》とご家族のもとへ届《とど》けと、強盛《ごうじょう》に祈《いの》り続けている。

美しき
　心の君に
　　いやまして
金波《きんぱ》浴《あ》びたる

幸《さち》の日々たれ

わが大地
希望の胸《むね》を
燃《も》やしつつ
生きなむ 進まむ
常楽《じょうらく》我《が》浄《じょう》と

第3章

写真紀行

ハクサイの収穫。弾力《だんりょく》とつやがあり、ずっしりと重いものが高品質という。出来ばえの良さに笑みもこぼれる（1971年11月、静岡）

落成1年の千葉・船橋文化会館を初訪問した折、
敷地内に再現された海苔《のり》干《ほ》し場《ば》に足を止める（1987年7月）

眼下に広がる穏《おだ》やかな海と潮の香り――
漁港を映すワンショットに“海に生きる人々”への思いが光る
（池田名誉会長撮影＝1986年6月、神奈川・真鶴《まなづる》半島）

新潟・魂《たましい》の大地

本文89ページ

傾斜地《けいしゃち》にまで開かれた水田は営々とした努力のたまもの。命を守り育《はぐく》む“農の心”の表れだ
（池田名誉会長撮影=1985年9月、新潟）

秋の実《み》讃《さん》歌《か》

本文94ページ

日本栗《ぐり》は日本原産だが、里芋《さといも》の原産はインド、マレー半島などの熱帯地方。茄子《なす》はインド。
トウモロコシはアメリカ大陸。石榴《ざくろ》はペルシャ地方からシルクロードを通って平安時代のころの日本へ。
サツマイモは中南米から、ヨーロッパへ、東南アジアへと渡り、
沖縄・中国を経て薩摩《さつま》の国へ来たという。小さな竹籠《たけかご》の中に、世界があり、歴史がある
（池田名誉会長撮影＝1987年9月、大阪）

黄金の村

本文98ページ

稲架《はさ》が連《つら》なる風景には、収穫の喜びと誇りが満ちている
（池田名誉会長撮影＝1985年10月、三重）

泥《どろ》のついたダイコンを洗う。友の笑顔を思い、洗う手にも力がこもる（1971年11月、静岡）

鈴なりの柿

本文103ページ

「豆柿《まめがき》」は今は食用にせず、生け花や盆栽《ぼんさい》用《よう》、また柿に接《つ》ぎ木《き》するための台木《だいぎ》として使われる。
柿の学名は「ディオスピロス・カキ」。日本語の「柿」がそのまま学名になっていて、
「カキ」で世界に通じる。「ディオスピロス」とは「神の食べ物」の意味である
（池田名誉会長撮影＝1997年12月、東京）

桃源《とうげん》の里

本文107ページ

桃の栽培には、かなり手間がかかる。寒い時期には、剪定《せんてい》と根への肥料やりに精を出す。春に桃のつぼみを摘《つ》み、花粉を集めて人工授粉する品種も。花粉を運ぶ虫が少なくなっているからである。大きな実を作るため、落花後は、大半の実を摘む。夏には、一本に数百個の真っ赤な実が熟《う》れる。出荷は「大事に大事に育てた娘を嫁に出す父親の心境」だという。桃の生産は山梨のほか、福島、長野、和歌山、山形、桃太郎の故郷とされる岡山などが多い。また昔から京都の「伏見《ふしみ》の桃」は「吉野《よしの》の桜」と並び称された（池田名誉会長撮影=1998年4月、山梨）

いのちの湖

本文113ページ

船が描く、澄《す》んだ湖面のVサイン。十和田湖《とわだこ》はかつて魚の住めない湖だったが、人間の渾身《こんしん》の努力で「いのちの湖」に変わった（池田名誉会長撮影＝1994年8月、青森）

山形市内のサクランボ農園を訪れた池田名誉会長。栽培の工夫や労苦、経営状態など、語らいは多岐《たき》に及んだ（1987年7月）

新潟・魂《たましい》の大地

写真紀行「地球は美しい」1999・8・22

「立てる農夫は、座《ざ》せる王侯《おうこう》よりも尊《たっと》し」

そんな感慨《かんがい》が浮《う》かぶ田園《でんえん》の絵であった。


私は新潟にいた。

関越《かんえつ》自動車道《じどうしゃどう》の越後《えちご》川口《かわぐち》インターを降《お》りて、一路《いちろ》、十日町《とおかまち》市街《しがい》へ向かっていた。

青年平和文化祭（＝一九八五年九月八日）に出席するためである。

あいにく空は、今にも泣き出しそうな天気。前日は豪雨《ごうう》だった。

信濃川《しなのがわ》の大きな流れを右手に見ながら、十五分ほど走っただろうか。左手に、農村風景が広がってきた。


その時、雲間《くもま》から、さっと一条《いちじょう》の光が降《お》りてきた。そこだけに、スポットライトを当てたように、黄金の稲穂《いなほ》の波が光った。

私は車のスピードを落として、カメラのシャッターを押《お》した。

コンバインに乗って稲刈《いねか》りをしている男性の後《うし》ろ姿《すがた》。

その向こう、遠くで、奥様《おくさま》であろうか、白い作業服で腰《こし》をかがめておられる。

田の右側は、蓮根畑《れんこんばたけ》。白い蓮《はす》の華《はな》たちが可憐《かれん》に並《なら》ぶ。

薄《すすき》が風に揺《ゆ》れていた。短い夏が終わろうとしている。

また、厳《きび》しい冬がやってくるのか――。

十日町辺《とおかまちあた》りは、日本有数の豪雪地帯《ごうせつちたい》。三メートル積《つ》もるのは当《あ》たり前《まえ》。一年の半分は、雪との戦《たたか》いである。

ある人は言う。

「どんな雪深いところでも、屋根の『雪下《お》ろし』は、ひと冬で数回でしょうか。しかし、十日町《とおかまち》では十回でも足《た》りないいんじゃないでしょうか」

そんな十日町《とおかまち》は、縮《ちぢみ》の名産地でもある。縦糸《たていと》、横糸《よこいと》、女性たちは、布《ぬの》に自分の人生を織《お》り込《こ》んだ。

「娘《むすめ》ざかりを　なじょして暮《くら》す　雪に埋《うも》れて　機《はた》仕事　花の咲《さ》くまじゃ　小半年《こはんとし》」（十日町小唄、永井白湄作詞）

耐《た》え忍《しの》んで春《はる》を待つ心は、雪国の人でないとわからない。だからこそ、「冬《ふゆ》は必《かなら》ず春となる」（御書一二五三ジベー）の一言《ひとこと》が、ずんと胸《むね》に入《はい》る。

「忍《にん》」の一字は「心に刃《やいば》」。執念《しゅうねん》の「執《しゅう》」は「幸せに丸」。耐《た》えて耐えて、執念で戦って戦って迎《むか》えた春だからこそ、幸せは、ひとしおなのだ。そして雪解《ど》けの水を使って、田植《たう》えが始まる。稲《いね》が存分《ぞんぶん》に生長《せいちょう》したころ、ちょうど雪が全部、解《と》ける。

しかし、この自然の絶妙《ぜつみょう》なリズムだけが、新潟米を日本一にしたのではない。信じにくいことだが、昔は「新潟米は、まずくて、鳥さえ、またいでいく」と言われたという。それを日本一のコシヒカリ王国にしたのは、冷笑《れいしょう》に耐《た》えて、工夫《くふう》に工夫を重《かさ》ねた人達《ひとたち》の執《しゅう》念《ねん》だった。

北国の人達《ひとたち》は、口下手《くちべた》で、自分のことは、うまく言えない。ただ、黙《だま》って、自分の作品を出す。

「この米を食ってみてくれ」「米には、おれたちの魂《たましい》が入《はい》っとるんだ」

それでもわからない人には、わからなくていいのだ。

調子のいい、口先《くちさき》ばかりの「嘘《うそ》つき」が、大手を振《ふ》って歩く世《よ》の中。まじめなあなたがたは、どんなに悔《くや》しい思いをしてきたことだろう。

精魂込《せいこんこ》めた自分の分身《ぶんしん》が、心ない政治《せいじ》の論理《ろんり》、金《かね》の論理に、ずたずたにされるたびに、どんなに腹《はら》が煮《に》えただろう。

食は文化、食は命。

食べ物のことを、いいかげんに考える社会は、おかしくなる。農村を忘《わす》れることは、人間を忘れることだ。自分の「根」を忘れることだ。文明人は、金《かね》に「魂《たまし》ッコ」を取られてしまったのだ。

しかし、無骨《ぶこつ》な農村の父達《ちちたち》は、ただ背中《せなか》で語るだけだ。

「息子《むすこ》よ、嘆《なげ》くな、焦《あせ》るな、弁解《べんかい》もするな。黙《だま》って、田んぼへいけ！　答えは全部、そこにある。

歯を食いしばって働け！　たゆみなく働け！

夜寝《よるね》るときに、やり残していることがあると思ったら、すぐに起きて、やりにいけ！

横着《おうちゃく》するな！　働き者は『大変だ』なんて言わねぇぞ。牛みたいに、うんうん、うなりながらでも、稲《いね》たちの面倒《めんどう》みろ！　おまえが面倒みなけりゃ、だれがみるんだ！」

米には、ごまかしがきかない。手間隙《てまひま》かけた分だけ、ちゃんと応《こた》えてくれる。

人間は嘘《うそ》をつくが、土《つち》くれだけは嘘《うそ》をつかない。毎日毎日の辛抱《しんぼう》が、少しずつ染《し》み透《とお》って、稲《いね》を育てていく。伸《の》びろ、伸びろ、伸びていけ。

やがて稲《いね》が色づくころがある。稲の穂《ほ》になる部分が、稲の体《からだ》に宿《やど》る瞬間《しゅんかん》。「魂《たまし》ッコ入《はい》った」瞬間だ。

この喜びを、だれも知らない。知らなくていいのだ。稲《いね》は知っている、土《つち》は知っている。それでいい。それだけでいい。

人間だって、魂《たましい》が入《はい》ってない千人よりも、魂が入っている一人のほうが強いのだ。地位が何だ、名誉《めいよ》が何だ、金《かね》が何だ。地球と一緒《いっしょ》に息を吸《す》ったり吐《は》いたりできるのは、俺《おれ》たちだけだ。こんな豊《ゆた》かな人生があるものか！

太く、黒い土《つち》の香《かお》りを、胸《むね》いっぱいに吸《す》い込《こ》む。命を育てる創造生活《そうぞうせいかつ》だ。一番高貴《こうき》な文化人の仕事だ。


軽佻浮薄《けいちょうふはく》な都会人が、田舎者《いなかもの》だと見下《みくだ》しても、そんな根無し草《ねなぐさ》の人生より、何千万倍、あなたがたが尊《たっと》いか。

日本中、どの土地にも、何百年、何千年もの先祖《せんぞ》の苦闘《くとう》が染《し》み込《こ》んでいる。労働に自分のすべてをかけて生き抜《いぬ》いてきた、その汗《あせ》が、この畦《あぜ》にも、あの川べりにも、光って見えるではないか。

だから「田舎《いなか》」ではない、ここが「中央」だ。ここが世界の「真ん中《まなか》」なのだ。

働《はたら》く者、その人こそが「主人」だからだ。


十日町《とおかまち》からは、世界を驚《おどろ》かせた、あの縄文《じょうもん》の「火焔型土器《かえんがたどき》」が出土《しゅつど》している。

この雪の大地に、天高《てんたか》く燃《も》え上《あ》がる「炎《ほのお》」を見事に造型《ぞうけい》した人達《ひとたち》がいたのだ。抑《おさ》えつけられるほど、高く燃《も》え立《た》つ「たまし火（魂《たましい》）の大火焔《だいかえん》」を。

今年（＝一九九九年）、「火焔型土器《かえんがたどき》」は、県で初《はつ》の国宝《こくほう》に指定された。記念式典は「七月三日」だったそうである。

青年の文化祭。見事に成長した三千人の乱舞《らんぶ》が揺《ゆ》れた。

この人材の「黄金の実《みの》り」の陰《かげ》に、育てた人の、どれほどの御苦労《ごくろう》があったことか。吹雪《ふぶき》を乗《の》り越《こ》え、また吹雪を乗り越えて――。

私は合掌《がっしょう》する思いで、見つめ続けた。

秋の実《み》讃歌《さんか》

写真紀行「光は詩う」１９９９・10・３

庭へ回ると、秋が私を待っていた。

あれは、大阪・豊中《とよなか》の関西牧口記念館。一九八七年の九月だった。

建物も生きているのだろう、記念館を訪《おとず》れるたびに、柱《はしら》の一本一本にまで、みんなの真心が染《し》み込《こ》んできた感じがした。

小さな日本庭園では、床机《しょうぎ》の上に紺《こん》の毛氈《もうせん》を敷《し》いて、花瓶《かびん》に、すすき、曼珠沙華《まんじゅしゃげ》、おみなえしの花が生けてある。そばの籠《かご》には、月見《つきみ》の菓子重《かしがさ》ね。

そして、この「豊饒《ほうじょう》の秋」の一籠《ひとかご》が、透明《とうめい》な陽射《ひざ》しに抱《だ》かれて、うっとりと色づいていた。

栗《くり》に里芋《さといも》、秋茄子《あきなす》、とうもろこし、さつまいも。石榴《ざくろ》は、奈良から運んでくださったという。

栗《くり》の子は、お母さん毬《いが》の中から、そっと顔をのぞかせている。太陽の温《ぬく》みを、たらふく食べて、こんがりと焦《こ》げ茶色《ちゃいろ》に日焼《ひや》けしている。

茄子《なす》は紫紺《しこん》。さつまいもは曙《あけぼの》の空の色。美しかった。千草八千草《ちぐさやちぐさ》、命あるものは、みんな美しい。自然は大いなる農夫にして、大芸術家《だいげいじゅつか》だ。


秋の実《み》には、母の香《かお》りがする。

羽田《はねだ》の尋常小学校《じんじょうしょうがっこう》に上《あ》がる前のことである。私は肺炎《はいえん》になり、高熱にうなされて、苦しんだ。医者に痛《いた》い注射《ちゅうしゃ》をされ、母の優《やさ》しい看病《かんびょう》のおかげで、ようやく小康《しょうこう》を取《と》り戻《もど》した。

母は、ほっとした様子で私に言った。

「あの庭の石榴《ざくろ》をごらん。石榴は、潮風《しおかぜ》と砂地《すなじ》には弱い木なのに、あの石榴は毎年、花を咲《さ》かせ、実《み》をつける。おまえも、今は弱くても、きっと丈夫《じょうぶ》になるんだよ――」

そのころ、大田の家は海のすぐ近くにあった。しかし、庭の石榴《ざくろ》の木は、砂地《すなじ》にも、しっかり根を張《は》っていた。幹《みき》にこぶがあり、夏には緋色《ひいろ》の花を、秋には紅色《べにいろ》の実《み》をつけた。はじけた実を割《わ》って、ルビーのような種をよりわけ、食べるのが楽しみだった。

石榴《ざくろ》のあの甘酸《あまず》っぱい味は、今も、亡《な》き母の思い出につながる。

その後、父が病気に倒《たお》れ、広い庭のあるうちも手放《てばな》して、我《わ》が家《や》は転居《てんきょ》した。昭和十三年、私は十歳だった。日本は、どんどん戦時色一色《せんじしょくいっしょく》となっていく。四人の兄も次々に戦争に取られ、働き手を失った大家族を支《ささ》えて、母の苦労は並大抵《なみたいてい》ではなかった。

食糧難《しょくりょうなん》の中、いつも、せいいっぱい工夫《くふう》して、近くの海でとれる小魚など、安くて栄養のあるものを、子どもたちに食べさせてくれた。

「骨《ほね》まで食べるんですよ」の一言《ひとこと》に、健康を気づかう思いが、いっぱいに詰《つ》まっていた。ぜいたくなものは何ひとつなかったが、母のいる食卓《しょくたく》は温《あたた》かだった。

戦後、私が夜学に通《かよ》っているころも、どんなに遅《おそ》く帰っても、母は起きて待っていてくれた。母だけは、うどんを温めたり、ふかしたさつまいもや、野菜を入れた「すいとん」を用意して待っていてくれたのである。

胸《むね》を患《わずら》っていた私を心配して、「たいへんだったね、たいへんだったね」「疲《つか》れるだろうね、疲れるだろうね」と、それだけを何度も繰《く》り返《かえ》す母だった。

慈愛《じあい》の心。命を懸命《けんめい》に守る心。

はじめて野菜や果物《くだもの》を作ったのも、人類の遠い母たちだったかもしれない。子どもたちのために。一家が生きるために。

こぼれた種が芽《め》を出す不思議《ふしぎ》には、とうから気づいていただろうが、あるとき、だれかが木《こ》の実《み》、草の実を、おそるおそる大地に播《ま》いてみた。

時熟《ときじゅく》し、やがて何倍、何十倍もの実《み》をつけた秋。「実《みの》り」という奇跡《きせき》を前に、母たちは、どれほどの歓喜《かんき》に、足踏《あしふ》み鳴《な》らし、舞《ま》ったことだろう。「これで、子どもたちは生きられる。みんな生きていける」と。

野菜も果物《くだもの》も「生きもの」である。呼吸《こきゅう》もすれば、熱も出す。

こちらの心も届《とど》いている。作物の不出来《ふでき》を心配すると、その気持ちが伝わって、ますます元気がなくなる。それよりも、勇気を与《あた》えるように、「大きゅうなったなぁ」「立派《りっぱ》な実《み》やなぁ」と声をかけてやると、本当に大きく育つという。

心が心に通じるのか。生命の響《ひび》きが、そのまま生命を震《ふる》わせるのか。

とくに果樹《かじゅ》は、何年も、何十年も、育てる人と生活をともにする。家族のようになっていく。ある農家の老婦人《ろうふじん》は、病院に入院したときにも、うわごとで「はよ行かにゃ、はよ行かにゃ」「みんなが呼《よ》んどる、みんなが呼んどる」と。「みんな」とは、いつも世話してきた梨《なし》たちのことだった。

わが創価学会も、寝《ね》ても覚《さ》めても、夢《ゆめ》にまで同志《どうし》のことを思いめぐらしながら、ひとりひとりを丹精込《たんせいこ》めて育てて、ここまで、できあがった。全精魂《ぜんせいこん》を注《そそ》がずしてできたものなど、何ひとつなかった。

粒々《りゅうりゅう》みな辛苦《しんく》。作物のひとつひとつに、「明日の勝利《みのり》」を信じて働いた民衆《みんしゅう》の祈《いの》りが、知恵《ちえ》が、込《こ》められている。

とうもろこしの原産地はアメリカ大陸。先住民のホピ族は、丈《たけ》の高いとうもろこし畑のまんなかに埋《う》もれるように座《すわ》って、子どもを励《はげ》ますごとく、歌を歌って聞かせたという。

その応援歌《おうえんか》は、喨々《りょうりょう》たるトランペットの音のように、朗《ほが》らかに野を渡《わた》ったという。

今、秋の実《み》を前に、心の耳をすませば、空色の風に乗る、その歌が聞こえる。

「生き抜《ぬ》け！　闘《たたか》え！　千生《せんな》りの実《み》をつけよ！」。万物《ばんぶつ》に呼《よ》びかける、地球という母の愛が聞こえる。

黄金の村

写真紀行「光は詩う」　１９９９・11・7

「子どもは、裸足《はだし》で土《つち》の上を歩かせることだ。そうしないと生命力が落ちる」

私の恩師《おんし》は、そう語っていた。

足の裏《うら》から、大地の栄養が体に染《し》み込《こ》むのだろう。

学校の勉強も大事。しかし、もっと大事なのは「心」である。人を愛し、生き物を愛する心だ。

それも大地が教えてくれる。

お金で買えないものがあることを教えてくれる。


一九八五年の十月、三重の研修道場《けんしゅうどうじょう》に「青年塾《せいねんじゅく》」ができた。若《わか》い人を育てようという真心が、うれしかった。

私は「青年」ということについて〝希望あるかぎり人は若《わか》く、失望《しつぼう》とともに人は老《お》いる〟という詩人の言葉を引いた。

その翌日《よくじつ》に、道場《どうじょう》の周辺《しゅうへん》を回った。秋晴れの一日だった。澄《す》んだ川音《かわおと》が聞こえてきた。雲出《くもず》川《がわ》という、ゆかしい名前。その名の通り、白い雲を川面《かわも》に映《うつ》して流れていた。

天は高く、山には紅葉《こうよう》の明《あ》かりが点々と灯《とも》っていた。

そして収穫《しゅうかく》の稲田《いなだ》が、目に飛《と》び込《こ》んできた。

どっさりと稲架《はさ》に架《か》かる金の穂《ほ》が、豊《とよ》の秋のほっこりした光に輝《かがや》いている。荘厳《そうごん》だった。

田に穂波《ほなみ》が広がる黄金の風景を、昔の人は「あかり」と呼《よ》んだものである。それが「あき（秋）」の語源《ごげん》という人もいる。

このあたり、一志郡《いちしぐん》(=当時)は古来《こらい》、米どころで、三重のなかでも一番早くから米を作ったらしい。今も「一志米《いちしまい》」は美味《びみ》で有名である。

「土《つち》がいいから」という。その「いい土」も、地元の人の苦労で、できたものだ。よく「千年もの間、毎年、毎年、米を作り続けてきて、それでも生産力が落ちない。日本の水田は奇跡《きせき》だ」と言われる。ヨーロッパでは、土地を順番に休ませる工夫《くふう》をして、地力《ちりょく》を維持《いじ》してきたからだ。

その「奇跡《きせき》の田んぼ」を作るのに、田を起こしては酸素《さんそ》を補給《ほきゅう》し、堆肥《たいひ》を運んでは撒《ま》き、どれほど面倒《めんどう》な作業が続けられてきたことか。

しかし今、過度《かど》の化学肥料《かがくひりょう》のせいもあって、日本の土《つち》は、どんどん痩《や》せてきたという。土《つち》が死ぬ時、社会の生命は死ぬ。文化も死ぬ。古来の文明の滅亡《めつぼう》も、土地の荒廃《こうはい》と同時進行であった。

文化とは、難《むずか》しい言葉をしゃべったり、流行で着飾《きかざ》ることではない。テレビに出ている人や、芸術《げいじゅつ》を弄《もてあそ》ぶのが文化人なのではない。

文化の真髄《しんずい》は「生命を大事に育てる心」である。だから、生命を守り、一生懸命《いっしょうけんめい》、育てている人が文化人である。すべてのお母さん。若《わか》い命を育てているすべての人。

そして、お百姓《ひゃくしょう》さんこそが一番の文化人であり、農業を大事にする国が文化国家ではないだろうか。

文化は英語で「カルチャー」。その語源《ごげん》が「耕《たがや》す」ことであるというのは、深い意味があると私は思う。

しかし、戦後の日本を巨視的《きょしてき》に見れば、工業と大企業《だいきぎょう》の目先《めさき》の利害に引きずられ、農業と農村が犠牲《ぎせい》にされてきた歩《あゆ》みであった。

ある人は、無理やりに減反《げんたん》させられた田を見ると「田んぼが泣《な》いている」気がするという。「ああ、思《おも》う存分《ぞんぶん》、米が作ってみたい！　みんなが腹《はら》いっぱい米を食って、顔をくしゃくしゃにして『ありがとう、ありがとう』って喜ぶ顔が見たい！」と。


その光景は今、海外にある。アフリカでも、ヒマラヤでも、南米でも、中近東でも、米作りは広がっている。水稲《すいとう》は、一ヘクタール当たりの収穫量《しゅうかくりょう》が最大の穀物《こくもつ》である。栄養価《えいようか》も高い。人口爆発《じんこうばくはつ》の来世紀。米は「人類を救《すく》う作物」とされる。

ゆえに、百二十カ国もの人々が、垂《た》れる稲穂《いなほ》の黄金風景を、歓喜《かんき》の踊《おど》りで取り囲《かこ》んでいる。

それなのに、本家本元《ほんけほんもと》の日本が、逆行《ぎゃっこう》しているのだ。

田園《でんえん》まさに荒《あ》れなんとす。

「物を作る」ことには長《た》けても「命を育てる」ことを、なおざりにしてきた現代《げんだい》日本の顔が、そこに重《かさ》なる。教育をはじめとする社会の荒廃《こうはい》も、根は同じではないだろうか。

稲《いね》は生き物である。物ではない。

例《たと》えば、人を「鍛《きた》える」みたいに、ぎりぎりまで苗《なえ》に水を与《あた》えないでおくと、苗《なえ》は水を求め、田植《たう》えされるや、必死になって、ぐうっと根を伸《の》ばすという。それで、しっかり根ができる。根が伸《の》びた分、その苗《なえ》は、はじめは背丈《せたけ》が小さい。しかし最後は、たくさんの実《み》をつける。根が大事なのだ。「イネ」という言葉にも「いのちの根」という祈《いの》りが込《こ》められている。

農業を破壊《はかい》することは、心を破壊することである。

「日本人は豊《ゆた》かなのに、どうしてあんなに、くたびれた顔をしてるんですか」。外国人の目は、生命の「根」が傷《きず》つき、疲《つか》れ果《は》てている日本の現実《げんじつ》を見抜《みぬ》いているようだ。

だからこそ、農業ルネサンスが必要なのではないだろうか。

亡《な》くなった「ヴァイオリンの賢者《けんじゃ》」メニューインさんが言われていた。

「昼間、町を掃除《そうじ》する人々が、夜には四重奏《しじゅうそう》を演奏《えんそう》する。それが私たちの目指す世界です」と。

昼は野良《のら》で汗《あせ》を流し、夜は音楽や詩の朗読《ろうどく》を皆《みな》で楽しむ。未来、そんな文化社会がつくれないだろうか。

のんきな空想《くうそう》ではない。人は、その哲学次第《てつがくしだい》で、どんな社会でもつくってしまうものである。

「グリーンパワー」。これが、二十一世紀という「生命の世紀」のキーワードの一つであろう。

私は、尊《たっと》き最先端《さいせんたん》の「黄金の村」に最敬礼《さいけいれい》した。

鈴《すず》なりの柿《かき》

写真紀行「光は詩う」1999・12・5

枝《えだ》が、しなうほどだった。鈴《すず》なりだった。たわわに朱色《しゅいろ》の小柿《こがき》が揺《ゆ》れていた。八王子《はちおうじ》の牧口記念庭園の奥《おく》。小さな丘《おか》の斜面《しゃめん》から、一本の柿《かき》が生《は》えていた。傾《かたむ》きが激《はげ》しく、今にも、地面に倒《たお》れそうな角度に伸《の》びている。倒れないよう、ロープで引《ひ》っ張《ぱ》ってもらっているが、こんな斜面《しゃめん》で、なんと、けなげに実《みの》っていることか。

見上げると、大空の青磁色《せいじいろ》の皿に盛《も》りつけたようだ。

実《み》は、ふつうの柿《かき》よりも、ずっと小さく、「豆柿《まめがき》」とか「葡萄柿《ぶどうがき》」とか呼《よ》ばれる。信州《しんしゅう》に多いので「信濃柿《しなのがき》」ともいうそうだ。

柿《かき》を見ると、だれしも懐《なつ》かしい郷愁《きょうしゅう》がわくのではないだろうか。

私の小さいころは、果物《くだもの》の種類も限《かぎ》られていて、柿《かき》が果物の王座《おうざ》をしめていた。しかも、店で買ってくるというより、木に生《な》っているものを、もいで食べるのが普通《ふつう》だった気がする。だから、子どもは、どこの柿《かき》が甘《あま》くて、どこの柿が渋《しぶ》いか、よく知っていた。知っているのは、鳥も同じことで、渋《しぶ》いうちは啄《ついば》まない。一方、柿《かき》のほうでも、実《み》が熟《じゅく》して、種が充実《じゅうじつ》するまでは、食べられたくない。

柿《かき》が「もう、そろそろ種を運んでほしいな」と願うころと、熟《じゅく》して、渋《しぶ》みが抜《ぬ》け、鳥や動物が「食べたいな」と思う時期が一致《いっち》するようになっている。よくしたものである。

「里古《さとふ》りて柿《かき》の木《き》持《も》たぬ家もなし」（芭蕉《ばしょう》）

柿《かき》は昔から、日本の風景に、しっくりと溶《と》け込《こ》んできた。栄養価《えいようか》が高く、非常食《ひじょうしょく》でもあったのだろう。

甘《あま》いものが少ない昔は、干《ほ》し柿《がき》は貴重《きちょう》な甘味料《かんみりょう》で、「菓子《かし》」も「柿子《かし》」とか「果子《かし》」と書いた。

甘柿《あまがき》は、なるべく高いところから取り、「手を伸《の》ばせば取れる実《み》は、旅人《たびびと》のために残しておく」という、ゆかしい習慣《しゅうかん》もあった。

渋柿《しぶがき》からも、重宝《ちょうほう》な「柿渋《かきしぶ》」が採《と》れる。柿渋は家具や紙の防水剤《ぼうすいざい》、漁網《ぎょもう》などの防腐剤《ぼうふざい》に使われてきた。高血圧《こうけつあつ》や中風《ちゅうふう》などの薬用にもされ、万能《ばんのう》のような働き者である。

だから近年まで、お嫁《よめ》に行ったときに柿《かき》の木を植える地方もあった。

柿《かき》の茜《あかね》の色は、夕焼けの色。古里につながり、母の思い出に重《かさ》なる。

画家の円山応挙《まるやまおうきょ》は、「この世で一番美しい絵を描《か》いてくれ」と依頼《いらい》され、考えぬいたあげく、「柿《かき》の木の下で、農家のお母さんが石に腰《こし》かけ、赤ちゃんに乳《ちち》をふくませている」絵を描いた。

どんな絢爛《けんらん》たる名画よりも、永遠《えいえん》に美しい姿《すがた》が、そこにある。

「柿食《かきく》ふや遠くかなしき母の顔」（石田波郷。『石田波郷全集第二巻　俳句Ⅱ』富士見書房）

その母の心で、柿《かき》はいつも夢見《ゆめみ》ている。雨に打たれ、風に打たれながら、自分が、やがて千《せん》生《な》りの実《み》を、たわわに光らせる秋を。その未来を、一瞬《いっしゅん》も疑《うたが》わない。炎暑《えんしょ》に焼かれ、雪に凍《こご》えても、じっと耐《た》えて耐えて、自分の中の良いものを、甘露《かんろ》を集めるように一滴《いってき》一滴、集めながら、柿《かき》は、少しずつ少しずつ、それを枝《えだ》の外に押《お》し出《だ》し、一日一日、実《み》を太らせていく。

どんなにつらいことがあっても、柿《かき》は、かたくなな心にはなりたくない。繊細《せんさい》な優《やさ》しい感受《かんじゅ》性《せい》を死なせたくない。惰性《だせい》にもなりたくない。

年を重《かさ》ねても、いつも初々《ういうい》しく、いつも初《はじ》めての秋のように、つややかな実《み》を、ひとつまたひとつ。

柿《かき》も、人も、めいめいが自分の持っている「宝《たから》」を、この世に現《あらわ》すために、生まれてきた。

ある人の回想《かいそう》である。高校時代、懇切丁寧《こんせつていねい》に教えてくれる数学の先生がいた。難《むずか》しい箇所《かしょ》など、だれかが「とても、できません」と言うと、先生は涙《なみだ》をこぼさんばかりにして、「わからなければ、わかるまで何度でも教えてあげます。だから、自分をあきらめたようなことだけは言わないでください。やれば、できるんです。できるまで、ぼくが、いくらでもつきあいますから」。

悲しげに顔をゆがめて、そう言われると、簡単《かんたん》にあきらめていた怠《なま》け心《ごころ》が恥《は》ずかしくてたまらなかった。

どんなに大きな違《ちが》いがあるように見えても、すべての人間は、遺伝子《いでんし》（DNA塩基配列《えんきはいれつ》）の九九・九パーセントが共通している。

だから、一人にできたことは万人にできる。あなたは、あなたの道の天才になれる。自分の中の「宝《たから》」を疑《うたが》わないかぎり、いくらでも伸《の》びていける。どんな苦しい闇《やみ》も打開できる。必ず、できる。

柿《かき》は、自分をあきらめない。

柿《かき》は祈《いの》っている。全身全霊《ぜんしんぜんれい》を込《こ》めて「立派《りっぱ》な実《みの》りができますように。ひとつでも多くの実《み》をつけられますように。生まれてきた使命を果《は》たせますように」と、ひたぶるに念じ続けている。

その祈《いの》りが、柿《かき》を内側から赤々と紅玉《こうぎょく》のように光らせる。

庭園のこの豆柿《まめがき》は、一年おきに実《み》をつける。「隔年結果《かくねんけっか》」と言って、柿《かき》には多いそうだ。たしかに、写真をとった一昨年（＝一九九七年）に続き、一年おいて、今年また実《み》をつけた。数えた人によると、実は千八百もあったという。ひとつひとつが、小さなお陽様《ひさま》のようだった。

二年間、柿《かき》が点《とも》し続けた「心の明《あ》かり」が、晴れ晴れと今、外にも点ったのだ。

「かき」とは、「かがやき」の木という意味だという。


写真紀行「光は詩う」1999・12・26

桃源《とうげん》の里《さと》

春が来る。

春が来る。

冬が来たからには、じきに必ず春が来る。

それが生命の不思議《ふしぎ》な力《ちから》だ。

春をもたらす、その「力」が人間にもある。

山梨の御坂町《みさかちょう》（＝当時）。

行けども行けども「春」だった。

あたり一面、「平和の宴《うたげ》」が夢《ゆめ》のように広がっていた。

朝焼けの朱《あか》い雲が棚《たな》びくように、萌《も》えたつ山河《さんが》の喜びを一身《いっしん》に集めたように、温《あたた》かく、優《やさ》しい、緋桃《ひもも》の色だった。

自然の中に「色」が生まれたのは、なぜだろう。

それは、草も木も鳥も山も、懸命《けんめい》に生きている自分の「気持ち」を何とか表現《ひょうげん》したかったからではないだろうか。

自分の「ひとすじの思い」を表現《ひょうげん》しないでいられなかった。

山梨は、果物王国《くだものおうこく》。有名な葡萄《ぶどう》だけでなく、桃《もも》や李《すもも》も、生産高日本一《せいさんだか》である。なかでも甲府《こうふ》の東、御坂町《みさかちょう》のあたりは、お隣《となり》の一宮町《いちのみやちょう》（＝当時）や山梨市などとともに、桃《もも》が咲《さ》き乱《みだ》れる美景《びけい》で有名だ。

山梨教学研修《きょうがくけんしゅう》センターのある一宮町《いちのみやちょう》から国道一三七号線を走った。車は、やがて国道をそれて、狭《せま》い農道をゆっくりと登り、登りきると、そこは「桃源郷《とうげんきょう》」だった。

昨年（＝一九九八年）の四月十七日である。標高《ひょうこう》が高いせいで、この時期まで咲《さ》いていたのである。朝の山には、きりりとした精気《せいき》があった。春雨《はるさめ》が煙《けぶ》り、桃《もも》の園も、山の緑も、しっとりと光った。

目を遠くにやると、大栃山《おおとちやま》の麓《ふもと》にも、ピンクの絨毯《じゅうたん》が敷《し》き詰《つ》められている。

「もも」という響《ひび》きも愛らしい。

桃《もも》の花を見ると、雛祭《ひなまつ》りの「母と子」の平和な影絵《かげえ》が浮《う》かぶ。

〽あかりを　つけましょ

　ぼんぼりに

　お花をあげましょ　桃《もも》の花

古来、桃《もも》の花は「平和」の象徴《しょうちょう》であった。

中国の「桃源郷《とうげんきょう》」の話は有名だ。

漁師《りょうし》が川をさかのぼっていくと、突然《とつぜん》、桃《もも》の花の林に出あった。両岸は全《すべ》て桃また桃。桃林《とうりん》は川の源《みなもと》まで続き、突《つ》き当《あ》たった山に、小さな洞穴《ほらあな》があった。穴《あな》を進むと、向こう側に、平和な別世界の村が開けた。子どもも老人も楽しげに、だれもが仲良く働いて暮《く》らしていた。それは、その六百年ほど前、秦《しん》の世《よ》の戦乱《せんらん》を避《さ》けて、この地に来た人々の子孫《しそん》だった。

漁師《りょうし》は歓待《かんたい》され、数日後に去《さ》ったが、後から、いくら探《さが》しても、桃源郷《とうげんきょう》は二度と見つからな

かった――。（陶淵明『桃花源記』から）
また周《しゅう》の武王《ぶおう》は、暴政《ぼうせい》の殷《いん》を滅《ほろ》ぼした後、牛を「桃林《とうりん》」に放《はな》って、軍備《ぐんび》の撤廃《てっぱい》を示《しめ》した。
そして「三国志《さんごくし》」。劉備《りゅうび》、関羽《かんう》、張飛《ちょうひ》の三人が、戦乱《せんらん》の世《よ》に平和をもたらさんと誓《ちか》いを立てた場所も「桃園《とうえん》」であった。

戦争は「死」。平和は「生」。

平和の桃《もも》は「生《い》き抜《ぬ》く力《ちから》」の象徴《しょうちょう》だったのである。長寿《ちょうじゅ》や子宝《こだから》をもたらす仙果《せんか》と言われた。

孫悟空《そんごくう》は天上界《てんじょうかい》に行き、「三千年に一度だけ実《み》を結《むす》ぶ」西王母《せいおうぼ》の桃《もも》を勝手に食べて「不老長《ふろうちょう》生《せい》」の身《み》となった。

桃《もも》は邪気《じゃき》を払《はら》うとされ、年末年始《ねんまつねんし》、桃の木で作った人形や弓を門に飾《かざ》る風習もあった。

日本の神話でも、イザナキの尊《みこと》は、死んだ奥《おく》さんのイザナミの尊を死後の世界に訪《たず》ねていき、帰路《きろ》、追いかけてきた鬼《おに》たちを、「桃《もも》の実《み》」を投《な》げつけて撃退《げきたい》した。

桃《もも》は鬼《おに》をやっつけるし、おじいさん、おばあさんをも若返《わかがえ》らせる。「桃太郎《ももたろう》」の物語の背景《はいけい》には、中国渡来《とらい》のこんな伝承《でんしょう》があったのだ。

にもかかわらず、明治以降《いこう》、桃太郎《ももたろう》は、中国はじめ外国への侵略《しんりゃく》に利用された。「悪い異人《いじん》を征伐《せいばつ》」し「鬼畜米英《きちくべいえい》を退治《たいじ》」する〝桃太郎大将《たいしょう》〟として。

民俗学《みんぞくがく》では、桃太郎《ももたろう》のルーツには、「一体の母と子」の神話があるという。しかし、近代の日本は、桃太郎を「母と子を残酷《ざんこく》に引《ひ》き裂《さ》く」戦争の先兵《せんぺい》にしてしまったのである。

ここ山梨の大地にも、一夜に二千人以上もの死傷者《ししょうしゃ》を出した甲府空襲《こうふくうしゅう》をはじめ、無数の「母と子」の悲劇《ひげき》が刻《きざ》まれている。


桃園《とうえん》では、谷の瀬音《せおと》が、きれぎれに聞こえてきた。笛吹川《ふえふきがわ》の支流《しりゅう》・金川《かねがわ》に注《そそ》ぐ流れだ。その名ゆかしき笛吹川《ふえふきがわ》。

笛《ふえ》の好きなお母さんのために、いつも吹《ふ》いてあげていた青年がいた。ある日、お母さんは洗《せん》濯《たく》に行ったまま、川に流されてしまった。以来、青年は母を慕《した》って、笛《ふえ》を吹《ふ》きながら、川をさすらった。そのうち、自分も溺《おぼ》れてしまった――。

あの桃太郎《ももたろう》も、育ててくれた「お母さんのため」に働《はたら》いたのが本来の話であったろう。それが「お国のため」に、ねじ曲《ま》げられていったのだ。


桃園《とうえん》の場所は「黒駒《くろこま》」という地名。日蓮大聖人が身延《みのぶ》を去《さ》って池上《いけがみ》へと向かわれる途中《とちゅう》、一泊《いっぱく》された地である。

農道の先には、李《すもも》の畑もあった。大聖人は「桜梅桃李《おうばいとうり》」と教えられた。桜《さくら》は桜、梅は梅、桃《もも》は桃、李は李。

人間という花も、「みんな違《ちが》っているから」美しい。その美しさを引き出すのが、教育だ。文化だ。その実《みの》りとして平和がある。

外側《そとがわ》から、ひとつの型《かた》に入れるのは、生命の法則《ほうそく》に背《そむ》いている。その時、命の「色彩《しきさい》」は消え、灰色《はいいろ》の社会、灰色の心になっていく。そこから暴力《ぼうりょく》が生まれる。

だから、おかしいことは、おかしいと、正しいことは正しいと、嘘《うそ》も人権無視《じんけんむし》も許《ゆる》さないと、ひとすじに言い切ることだ。

その当然のことができなかった結果が「戦争の世紀」二十世紀だ。その当然のことを実行するとき「平和の世紀」が来る。

「命の法則《ほうそく》にかなった」世紀が来る。

カラフルな「春」が来る。

勇気があってこそ、桜梅桃李《おうばいとうり》と輝《かがや》けるのだ。

手話《しゅわ》で「平和」を表すには、両手の掌《てのひら》を下に向け、左右に広げながら降《お》ろすのだという。

その広がった両手のように、園《その》の百枝《ももえ》が伸《の》び伸びと腕《うで》を広げていた。

よく見ると「平和の園《その》」では一本一本の樹《き》も、一つ一つの花さえ、みんな違《ちが》った顔で、みんな、それぞれ輝《かがや》いていた。

いのちの湖

地球紀行「我《わ》がふるさとは世界」　２００３・７・27

目の前のすべてが、青だった。

空青く、森青く、そして十和田湖《とわだこ》の湖水《こすい》は千古《せんこ》の歴史を漫々《まんまん》とたたえて、青く広がっていた。

「このあたりの湖水が一番深いところです」と、青森の友が教えてくれた。

一九九四年の八月である。

十五年ぶりの青森だった。

前の年が「百年に一度」といわれるほどの冷害《れいがい》で、なかでも青森の被害《ひがい》は大きかった。遠い記憶《きおく》となっていた「けかぢ（飢渇《きかつ》）」の恐《おそ》ろしさを思い起こした人さえいたという。心を痛《いた》めていただけに、この夏、湖周辺《しゅうへん》の稲穂《いなほ》の光景がうれしかった。

東北の歴史は、人間が自然と格闘《かくとう》してきた歴史である。

十和田湖《とわだこ》も、かつては「魚《うお》も住まない」湖だった。

そこに「姫鱒《ひめます》」を養殖《ようしょく》したのが有名な和井内貞行《わいないさだゆき》氏である。

「この巨大《きょだい》な湖に魚が育ったら、湖畔《こはん》の村が、どんなに助かるだろう」と考え、失敗につぐ失敗を重《かさ》ねて成功させた。悪口雑言《あっこうぞうごん》に耐《た》え、私財《しざい》を使《つか》い果《は》たして赤貧《せきひん》の身《み》となりながら、二十余年《よねん》もの苦労の末《すえ》に、魚は泳いだ。（高橋強編『十和田湖開拓之偉人　和井内貞行翁』立山文庫、参照）

火山が造《つく》ったままの「死の湖」は、人間の努力で「いのちの湖」に変わったのだ。

自然を護《まも》るとは、自然のまま放置《ほうち》することではない。少なくとも日本の自然とは、手つかずではなく、人間の苦労で豊《ゆた》かにしてきた自然である。

山にしても、先人《せんじん》が木を植《う》え続けなければ、今の山林はなかった。「木が育つには五十年、百年かかる。そのころ、植えた自分は生きてはいない。子孫《しそん》のため、後世《こうせい》の人たちのためなんだ」。そうやって黙々《もくもく》と植え続ける人たちがいたからこそ、緑の列島がある。

平野にしても、日本は山だらけで、人間が開拓《かいたく》し、干拓《かんたく》し、川の流れを変えるなど治水《ちすい》しなければ、平らな土地は少なかった。

日本人は水田を開くために「人力《じんりき》で平野を造《つく》った」のである。

湖の近くに奥入瀬渓流《おいらせけいりゅう》がある。友といっしょに、ほとりを歩いた。両岸の緑は、全身が染《そ》まりそうなほど、みずみずしい。

この奥入瀬川《おいらせがわ》の水を引《ひ》っ張《ぱ》って、十和田《とわだ》の「三本木原台地《さんぼんぎはらだいち》」も沃野《よくや》に変わったのである。

かつては、木一本見えないといわれた不毛《ふもう》の原野《げんや》であった。

幕末《ばくまつ》、新渡戸伝《にとべつとう》氏一家による苦心惨憺《くしんさんたん》の五年の後、初めて四十俵の米が、とれたのだ。

見よ、稲《いね》だぞ！

うれしさのあまり、生まれた孫《まご》に稲之助と名前をつけた。後の「新渡戸稲造《にとべいなぞう》」博士である。

（赤石清悦『新渡戸稲造の世界』渓声出版、参照）

日本全国、こうした営々《えいえい》たる努力のおかげで、あの山の中にも、この平野にも、水田ができた。

一枚《いちまい》一枚の水田に歴史がある。水路《すいろ》一本にも先人《せんじん》の命がこもる。


夏。日本中の田んぼに水は張《は》られ、青々と苗《なえ》が伸《の》びる。みんなのいのちの糧《かて》が伸びる。

水田は、もうひとつの〈いのちの湖〉なのである。

しかも、水田は米をつくるだけでない。「緑のダム」となって、洪水《こうずい》を防《ふせ》ぎ、土砂《どしゃ》の流出《りゅうしゅつ》も防《ふせ》ぐ。水田の水は、やがて地下水となり、地盤《じばん》の沈下《ちんか》を防《ふせ》ぎ、川の水ともなる。水田からの水の蒸発《じょうはつ》は、気温の上昇《じょうしょう》も抑《おさ》えている。

健康な自然を守り、人間の健康を守るため、何重《なんじゅう》もの意味で、水田は「日本の宝《たから》」なのである。


米は、いのちなり。

水田は、いのちの湖水《こすい》なり。

私が会長に就任《しゅうにん》して一番先《さき》に祈《いの》った一つは「お米がたくさん、とれますように」だった。

人間は食べないと生きていけない。食べ物を大事にすることが、生命を大事にすることである。労働を大事にすることであり、人間を大事にすることである。それが「文化」の基礎《きそ》である。文化とは「いのちを大切にする」という生き方だからだ。

「いのちを育てる」

その代表は、農林水産業と教育であろう。なんと高貴《こうき》な仕事か。

「いのちを護《まも》る」

あらゆる分野で、そのために働く人たちがいる。その労働者こそが本当の「文化人」である。最高の勲章《くんしょう》をもらうべき人だ。

その反対に、食べ物を大事にせず、農村を大事にしない社会が、人間や生命を粗末《そまつ》にする野蛮《やばん》な社会となり、すべての面で行き詰《づ》まるのも不思議《ふしぎ》ではない。

日本の食料自給率《しょくりょうじきゅうりつ》は恐《おそ》るべき低さだが、精神面《せいしんめん》への影響《えいきょう》も多くの人が憂《うれ》えている。農村が壊《こわ》れれば、社会の心も壊れるからである。

東北の歴史は、いつも「中央に従属《じゅうぞく》させられ、利用されてきた」歴史であった。

言葉まで蔑視《べっし》され、かつては学校で「方言《ほうげん》を使うな」とまで言われたのである。使った子どもは、「方言札《ほうげんふだ》」を首に懸《か》けられた。

何という転倒《てんとう》！

方言《ほうげん》のどこが悪いのか！

方言《ほうげん》とは「なまった言葉」ではない。血の通《かよ》う「生きた言葉」だ。大地から生《は》えてきた「地《じ》生《ば》えの言葉」だ。「ふるさとの心」そのものなのだ。

そもそも、地方とは「端《はし》っこ」ではない。主権在民《しゅけんざいみん》なのだから民衆《みんしゅう》が主人。「主人」がいるところなのだから「中心」だ。民衆《みんしゅう》が根を張《は》った、それぞれの大地が中心であり、「都《みやこ》」なのである。


去年（＝二〇〇二年）の五月のことだった。中国の中華全国青年連合会のメンバーが、各地を回った後、山形にやってきた。

はじめ地元の友は「ここには何もない。どこに案内すればいいのか」と考えこんだという。結論《けつろん》は「ありのままの農村を見てもらおう」だった。

行った。驚《おどろ》いた。田んぼを見て、一行《いっこう》が、みるみる活気《かっき》づいたのだ。「実《じつ》は、私も中国で農業をやってるんです！」「私の実家は農家なんです！」

中国で人気の男性歌手は「私も若《わか》いころに田植《たう》えをやりました。中国は手植《てう》えが多いんですよ。こんなふうに！」。身振《みぶ》り手振《てぶ》りで、その場が、たちまち、にぎやかに。畦《あぜ》の上で、日中の農業談議《のうぎょうだんぎ》が、はずんだ。

サクランボ農家にも行った。ちょうど収穫《しゅうかく》の時期。宝石《ほうせき》のような実《みの》りの姿《すがた》に、団長《だんちょう》は「サクランボの木を見るのは初めてです。こんなにきれいだとは！」。栽培《さいばい》への熱心な質問《しつもん》が相次《あいつ》いだ。

案内した友は、目がさめる思いだった。

「そうだ、音楽や絵が国境《こっきょう》を越《こ》えるように、農作物という『文化作品』も万国共通語《ばんこくきょうつうご》なんだ！　農民は、つくったもので世界と話し合えるんだ！」

いのちに国境《こっきょう》はない。だから、いのちを育てる農村は、世界に直結《ちょっけつ》しているのである。

私は二十一世紀を「生命の世紀」と呼《よ》んだ。

生命の世紀とは「緑の世紀」だ。「水と大地の世紀」だ。

東北は、もはや「道の奥《みちのく》」ではなく「道の最先端《さいせんたん》」なのである。

いつもいつも不便《ふべん》さに耐《た》え、吹雪《ふぶき》に耐えてきた東北の友よ。

迫害《はくがい》にも耐《た》えながら、「新世紀の歌」を高らかに歌って生きてきた東北の友よ。

あなたたちが、だれよりも尊敬《そんけい》される「新世紀」がきた！

苦労に苦労を重《かさ》ねてきた東北だからこそ、私は勝ってほしいのだ。どうしても幸福になってほしいのだ。

——十和田湖《とわだこ》。

浮《う》かぶ遊覧船《ゆうらんせん》が、ゆっくりと、こちらに向かってくる。

青き湖面《こめん》に描《えが》かれた航跡《こうせき》が、勝利の「V《ヴィ》サイン」のようだった。

第4章

和歌・メッセージ

農漁光部への和歌

いついつも
地道《じみち》のなかに
晴れ晴れと
天空《てんくう》舞《ま》いゆく
力《ちから》は朗《ほが》らか

農漁村部　万歳！

二〇一一年六月二十四日

〈農村青年へ〉

晴《は》れ晴《ば》れと
わが人生を
広大《こうだい》な
農村広布に
勇《いさ》み指揮《しき》とれ

二〇〇二年四月十三日

広《こう》宣《せん》流《る》布《ふ》を開《かい》拓《たく》する勇者たれ

第1回 世界農村青年会議（秋田） 1982・9・14

歴史に輝《かがや》く、第一回世界農村青年会議、誠《まこと》に、誠におめでとう。

人類存亡《じんるいそんぼう》のカギを握《にぎ》る食糧《しょくりょう》・農業問題の担《にな》い手《て》として、生命の大地を耕《たがや》し生きる諸君《しょくん》の使命は、限《かぎ》りなく深く、限りなく大きい。


二十一世紀は、君ら青年の双肩《そうけん》にある、腕《かいな》にある。

故《ゆえ》に――信心の大地に、しっかりと根を張《は》る不動《ふどう》の信念の人たれ。

現実《げんじつ》に挑《いど》み、現実に学び、現実を拓《ひら》く聡明《そうめい》な英知の人たれ。

巌《いわお》を砕《くだ》く波浪《はろう》の如《ごと》き、粘《ねば》り強《づよ》く持続の人たれ。

郷土《きょうど》を愛する土着《どちゃく》の人こそ、社会建設《しゃかいけんせつ》の尊《とうと》き礎石《そせき》である。断《だん》じて負けるな。君ら立ちてわが地域《ちいき》に妙法《みょうほう》の楽土《らくど》を。十年先、二十年先を見すえ、着実な精進《しょうじん》の日々を。そして、生涯《しょうがい》、妙法の種子を蒔《ま》き、はぐくみ続ける広布開拓《こうふかいたく》の勇者たれと祈《いの》る。

農業人に光る美質《びしつ》、魂《たましい》の輝《かがや》き

第3回 世界農村青年会議（山形） 1988・9・24

思えば六年前、農村の未来を担《にな》うみちのくの若者《わかもの》たちの、真摯《しんし》にして情熱《じょうねつ》あふれる息吹《いぶき》に触《ふ》れ、私は「世界農村青年会議」の開催《かいさい》を提案《ていあん》させていただきました。それに見事に応《こた》えてくださった皆《みな》さま方《がた》の誠意《せいい》により、尊《とうと》い歴史を刻《きざ》んできた事実に、私は心より敬意《けいい》を表するとともに、この小さな流れが、必ずや、二十一世紀の大河《たいが》と広がりゆくことを信じてやみません。

いうまでもなく〝農〟の世界は、いつわりや、ごまかしのきかない世界であります。またそこでは、いささかなりとも、手抜《てぬ》きは許《ゆる》されません。もし、人間の側《がわ》にそのような落ち度があるならば、作物は実《みの》らず、大地から痛烈《つうれつ》なしっぺ返しを受けざるをえない。その意味からも〝農〟に携《たずさ》わる人々は、必然的に「正直《しょうじき》」「忍耐《にんたい》」「努力」「誠実《せいじつ》」などの美徳《びとく》を身《み》につけていかざるをえないでありましょう。それはまた、都市化、近代化の進む現代社会《げんだいしゃかい》の人々が、ともすれば失《うしな》いがちな資質《ししつ》なのであります。

文豪《ぶんごう》ドストエフスキーは、幼《おさな》いころに出会った一人の農民の印象を「日記」の中で、鮮烈《せんれつ》につづっております。

――ある日、白樺《しらかば》の林の中で、一人できのこや甲虫をとっていた。と、突然《とつぜん》、「狼《おおかみ》が来《く》る！」

という叫《さけ》びが聞こえる。驚《おどろ》いた彼は、悲鳴《ひめい》をあげながら林を抜《ぬ》け出《だ》し、農作業をしていた五十歳ばかりの、背《せ》が高くがっしりとしたマレイと呼《よ》ばれる農民にとりすがる。するとマレイは、少年の彼を抱《だ》き、汚《よご》れた太い指で唇《くちびる》にふれながら、優《やさ》しく、温かくなぐさめ、励《はげ》ましてくれた。

その幼《おさな》い日の思い出を回想《かいそう》しながら、ドストエフスキーは、こう語っております。

「当時はまだ自分の自由のことなどについては夢想《むそう》さえもしていなかった、粗野《そや》で、野獣《やじゅう》のように無知蒙昧《むちもうまい》なロシヤの百姓《ひゃくしょう》の胸が、人によってはどれほど深い、啓発《けいはつ》された人間らしい感情と、どれほどこまやかな、女性的なやさしさと言ってもいいようなものにみたされていることがあるか」(『ドストエフスキー全集』12、小沼文彦訳、筑摩書房)と。

表現《ひょうげん》は当時の時代性《じだいせい》を帯《お》びておりますが、魂《たましい》の苦悩《くのう》を描《えが》いた作家らしく、まことに深い次元《じげん》から本来あるべき人間の美質《びしつ》と、魂の輝《かがや》きに光を当てているのであります。それはまた、人間の社会がいかに変化しようとも、変わることなき人間としての証《あか》しといってよい。

〝農〟の原点は、土《つち》を柔《やわ》らかくときほぐす営《いとな》みであるという。故《ゆえ》に、その大地に生きるということは、命を耕《たがや》し、文化を耕し、人々の希望を耕すことに通じるはずであります。いわば、農業とは、人間と自然とが共同で行う生命の開拓作業《かいたくさぎょう》であり創造《そうぞう》作業であるといえましょう。

どうか、若《わか》き俊英《しゅんえい》の皆《みな》さま、そうした尊《とうと》い労作業《ろうさぎょう》の先駆者《せんくしゃ》として、日々たくましく、自分らしい使命の道に生ききっていただきたいことを念願《ねんがん》いたします。

「生命の世紀のルネサンス」の旗手に

第1回 農村ルネサンス体験主張大会　1997・2・15

まことに地道のなか、来《く》る日も来る日も、大地と共に生《い》き抜《ぬ》く、尊《とうと》くして偉大《いだい》なる、わが農村部の皆《みな》さま！　おめでとうございます。また、いつもいつも、本当にご苦労さまです。

農村部こそ、創価学会の「母なる大地」であります。

農村部こそ、広宣流布《こうせんるふ》の「希望の太陽」であります。

戦後、戸田先生が真《ま》っ先《さき》に、慈折広布《じしゃくこうふ》の種《たね》を蒔《ま》かれたのも、農村でありました。皆《みな》さま方《がた》は、よくぞ、ここまで、地域《ちいき》に根を張《は》り、信頼《しんらい》を広げてくださった。誰《だれ》よりも忍耐《にんたい》強《づよ》い、農村部の尊《とうと》き開拓《かいたく》の労苦《ろうく》を、私は、最大に讃嘆《さんたん》し、心より感謝申《かんしゃもう》し上《あ》げます。

十九世紀のフランスの画家ミレーは、農民であることを、生涯《しょうがい》、誇《ほこ》りとした一人であります。「種《たね》をまく人」をはじめ、農村の人々の働《はたら》く姿《すがた》を描《えが》ききった作品は、いずれも不朽《ふきゅう》の名画であります。だが、その絵は、当時の奢《おご》れる皇帝《こうてい》ナポレオン三世などからは、さんざんに侮辱《ぶじょく》された。

しかし、ミレーは、くだらない悪口を、平然と見おろしておりました。誰《だれ》がなんと言おうと、大地に生きゆく、この農民の生き方にこそ、真実の人間性《にんげんせい》があり、偉大《いだい》なる詩があり、美がある！　彼はこう確信《かくしん》していたのであります。

権力《けんりょく》や名声《めいせい》という虚像《きょぞう》を追う人生は、華《はな》やかに見えても、泡《あわ》のように、儚《はかな》く消え去っていくものです。

大地を踏《ふ》みしめて、自然と共《とも》に、民衆《みんしゅう》と共に、そして哲学《てつがく》と共に、価値《かち》を創造《そうぞう》しゆく実像《じつぞう》の人生は、地味であっても、不滅《ふめつ》の輝《かがや》きを放っていくにちがいありません。いわんや、農村部の皆《みな》さま方《がた》は、「妙法《みょうほう》」という永遠《えいえん》の幸福の〝種《たね》をまく人〟であります。

「撰時抄《せんじしょう》」にいわく、

「まことに喜ばしく、楽しいことは、不肖《ふしょう》の身《み》でありながら、心田《しんでん》（心の田）に仏種《ぶっしゅ》（成仏《じょうぶつ》の種《たね》）を、植《う》えることができたことである」（御書二八六ジペー、趣意）と。

この御聖訓《ごせいくん》の通りの一生であることを、喜びとし、誉《ほま》れとして、胸《むね》を張《は》って進んでいってください。

先日（＝一九九七年二月）、亡《な》くなられたフランス学士院会員のルネ・ユイグ氏と、文明論《ぶんめいろん》的《てき》な次元《じげん》から、「農業」の重要性《じゅうようせい》を論《ろん》じあったことが、私は忘《わす》れられません。

氏も、現代文明《げんだいぶんめい》の行き詰《づ》まりの象徴《しょうちょう》は、農業を窒息《ちっそく》させてしまったことにあると洞察《どうさつ》されておりました。そして、農村の人々の持つ、豊《ゆた》かな精神性《せいしんせい》の源泉《げんせん》、また深き調和《ちょうわ》の力《ちから》が、今こそ、生き生きと開放《かいほう》されていかねばならないと語りあったのであります。

眼前《がんぜん》に迫《せま》った二十一世紀にあって、「農村ルネサンス」こそが、「人間主義《にんげんしゅぎ》の復興《ふっこう》」となり、「生命の世紀のルネサンス」となっていく。その希望の旗手《きしゅ》が、農村部の皆《みな》さま方《がた》なのであります。

ともあれ、「一念三千《いちねんさんぜん》」とは、「自身」を最大に輝《かがや》かせ、生きとし生ける、すべての衆生《しゅじょう》を包《つつ》んでいく、さらには、「国土《こくど》」までも変えゆく生命の哲理《てつり》であります。

「御義口伝《おんぎくでん》」にいわく。

「今、日蓮とその門下の南無妙法蓮華経と唱《とな》え奉《たてまつ》る者のいるところは、山であれ、谷であれ、荒野《こうや》であれ、いずこも寂光土《じゃっこうど》なのである」（御書七八一ジ《ペー》、趣意）

久遠《くおん》より願い求《もと》めた、それぞれの使命の本国土《ほんこくど》で、伸《の》び伸びと、また朗《ほが》らかに、そして粘《ねば》り強《づよ》く、「勝利」と「栄光」の実証《じっしょう》を、断《だん》じて勝ちとっていってください。

第三代会長に就任《しゅうにん》以来《いらい》、私は一貫《いっかん》して、「豊作《ほうさく》」を祈《いの》り続けてまいりました。

本年もまた、もっとも可憐《いじら》しい、わが農村部の皆《みな》さま方《がた》が、毎日毎日、すこやかにご健康で、お仕事も、ご家庭も、そして人生も、素晴《すば》らしい「豊作《ほうさく》」であられますことを、心からお祈《いの》りして、私のメッセージといたします。

風邪《かぜ》をひかれませぬように！

農村部、万歳《ばんざい》！

地球的「自立」と「連帯《れんたい》」の主人公

第2回 農村ワールド会議（宮崎） 1999・9・14

この宮崎の天地は、私が大好きな「希望」と「平和」の理想郷《りそうきょう》であります。

明二〇〇〇年には、先進国首脳会議《せんしんこくしゅのうかいぎ》（サミット）に先立《さきだ》つ「外相会議」が開催《かいさい》される予定です。また、宮崎県が「食糧基地《しょくりょうきち》」構想《こうそう》を掲《かか》げ、日本農業の先駆的役割《せんくてきやくわり》を果《は》たしていることも、有名であります。

その意味においても、二十一世紀の「農業」について展望《てんぼう》するのに、ここ宮崎ほど、ふさわしい天地はないでありましょう。

どうか、歴史に残る、有意義《ゆういぎ》な会議でありますよう、心からお祈《いの》り申《もう》し上《あ》げております。

牧口初代会長は、すでに二十世紀の初頭、〝商工業を専《もっぱ》らとして、農業を大切にしない国は、ますます苦境《くきょう》に立たされる〟と喝破《かっぱ》されました。そして、社会建設《しゃかいけんせつ》の基礎《きそ》は、農業をはじめ各種産業の「調和《ちょうわ》」にこそ求《もと》めなければならないと、警鐘《けいしょう》を打ち鳴《な》らしていたのであります。

しかしながら、先進国をはじめ今世紀の人類は、農業を二の次、三の次にしてきた。そのしっぺ返しとして、「環境問題《かんきょうもんだい》」「食糧問題《しょくりょうもんだい》」など、人間の生存《せいぞん》にかかわる課題《かだい》を招《まね》いてしまったといっても過言《かごん》ではないでありましょう。

二十一世紀の地球に〝健康〟を取《と》り戻《もど》すためにも、「共生《きょうせい》の哲学《てつがく》」を掲《かか》げゆかれる農村部の皆《みな》さま方《がた》こそ、誇《ほこ》り高く社会の主役とならねばなりません。

ロシアの文豪《ぶんごう》ゴーゴリの名作のなかに、一人の農夫が、強欲《ごうよく》な商人に向かって、農業に生きる喜びを、こう高らかに訴《うった》える場面があります。

「(＝農業は)まさに精神《せいしん》を高揚《こうよう》する仕事なんです」「ここでは人間が天地の自然や四季の変遷《へんせん》と歩調《ほちょう》を合わせ、造化《ぞうか》によって完成される諸々《もろもろ》の現象《げんしょう》の協力者となり、相談相手となる訳《わけ》です」「自分が何もかもの原因《もと》であり創造者《そうぞうしゃ》であって（中略）自分の手から万物《ばんぶつ》の上に豊穣《ほうじょう》と福祉《ふくし》をもたらしている」「私にとって、どこに一体これほど大きい喜びがありましょう?」「まったく、世界じゅう探《さが》しても、こんな喜びは他にありません!」（『死せる魂』下、平井肇・横田瑞穂訳、岩波文庫）

――そう、農夫は言い切る。

この毅然《きぜん》たる言葉に、損得《そんとく》や利害だけで生きてきた商人も、深く心打たれ、やがて自分の立場で人のために生きていくことを決意する、というのであります。

いわんや、農村部の皆《みな》さま方《がた》は、それ以上の信念と勇気と慈悲《じひ》を輝《かがや》かせて、社会に無限《むげん》の希望と蘇生《そせい》の活力《かつりょく》を与《あた》えておられます。

地味なように見えて、これほど尊《とうと》い創造《そうぞう》の人生は、断《だん》じてないでありましょう。

日蓮大聖人の御聖訓《ごせいくん》には、「衆生《しゅじょう》の心《こころ》けがるれば土《ど》もけがれ心清《こころきよ》ければ土も清しとて浄土《じょうど》と云《い》ひ穢土《えど》と云《い》うも土に二の隔《へだて》なし只我等《ただわれら》が心《こころ》の善悪《ぜんあく》によると見《み》えたり」（御書三八四㌻）と説《と》かれております。

万物《ばんぶつ》を生かし、万物と調和《ちょうわ》しながら、「共生《きょうせい》」と「希望」と「平和」の哲学《てつがく》を深く持って、わが地域《ちいき》に、わが国土《こくど》に、理想の楽土《らくど》を建設《けんせつ》しておられるのが、皆《みな》さま方《がた》であります。

ローマ・クラブの創始者《そうししゃ》であるペッチェイ博士は、私との対談のなかで、〝我々《われわれ》の重要課題《かだい》は六十億、それ以上の人口のための食糧問題《しょくりょうもんだい》である。その挑戦《ちょうせん》のための基本《きほん》が、「地球的自立」と「地球的連帯《れんたい》」である〟と強調されていました。（『二十一世紀への警鐘』、『池田大作全集』第4巻所収、聖教新聞社、以下参照）

それでは、その根本の挑戦《ちょうせん》を進めゆくのは、誰《だれ》か？　ペッチェイ博士は、〝政治家《せいじか》や官僚《かんりょう》、実業家《じつぎょうか》のみにまかせてはならない。詩人と思想家と教育者が必要である。そして、現実《げんじつ》に活躍《かつやく》する農業者、農学者こそ、もっとも大切である〟と、期待を寄《よ》せられていたのであります。

まさしく、農村部の皆《みな》さま方《がた》の、毎日の地域貢献《ちいきこうけん》の奮闘《ふんとう》と、また、本日の会議に象徴《しょうちょう》されるこの世界的な連帯《れんたい》にこそ、二十一世紀の希望があると、私は申《もう》し上《あ》げたいのであります。

結《むす》びに、偉大《いだい》な平和の創造者《そうぞうしゃ》であられる皆《みな》さま方《がた》に、最大の敬意《けいい》を表し、ご一家のますますのご健康、ご多幸《たこう》、そして、ここ宮崎をはじめ、各地各国の限《かぎ》りなきご繁栄《はんえい》を心からお祈《いの》り申《もう》し上《あ》げ、私のメッセージとさせていただきます。

農村を忘《わす》れることは人間を忘れること

第4回 農村ルネサンス体験主張大会 2000・2・17

まもなくツクシンボやフキノトウが萌《も》えだす「早春《そうしゅん》の宴《うたげ》」が皆《みな》さまの地域《ちいき》では見られることでありましょう。少年のころ、土《つち》の香《かお》りに包《つつ》まれて、たんぼのあぜ道を駆《か》け、早春の野原に大《だい》の字《じ》に横になった、あのなんともいえない安らぎを懐《なつ》かしく思い出します。

「豊《ゆた》かな文化は豊かな田園《でんえん》が育《はぐく》む」――日頃《ひごろ》の生活から土《つち》の匂《にお》いを奪《うば》い取《と》られた今、「農村が発する文化」に人間の蘇生《そせい》を期待するのは、私一人ではないでありましょう。

農村を忘《わす》れることは文化を忘れることであり、人間を忘れることであるとは、私の信念です。そもそも文化は、「地方」から育《はぐく》まれたものであり、初めから「中央文化」などというものはあった試《ため》しがありません。文化のルーツは「カルチャー（文化、耕《たがや》すの意《い》）」、つまり農耕《のうこう》にあったのであります。

この原点を忘《わす》れた根なし草のような文化は、いつか貧弱《ひんじゃく》さを露呈《ろてい》し、人間の心の大地に根づくことはないといえましょう。

自分の手足で自然を相手にする農作業には苦しさ、厳《きび》しさがあります。しかし、その「土《つち》の匂《にお》い」の労働には、ほかの何ものにも替《か》え難《がた》い「収穫《しゅうかく》」という喜びがあります。ですから私は、農村人こそ最高の文化人であるといっているのであります。

ノーベル賞受賞者であるアレキシス・カレル博士は、「土壌が人間生活全般の基礎なのであるから、私たちが近代的農業経済学《きんだいてきのうぎょうけいざいがく》のやり方《かた》によって崩壊《ほうかい》させてきた土壌《どじょう》に再《ふたた》び調和《ちょうわ》をもたらす以外に、健康な世界がやってくる見込《みこ》みはない」（ピーター・トムプキンズ／クリストファー・バード『土壌の神秘――ガイアを癒す人びと』新井昭廣訳〈春秋社〉から）と指摘《してき》しています。

文明の力《ちから》・化学肥料《かがくひりょう》で痩《や》せた土地でも穀物《こくもつ》をつくることはできます。しかし化学肥料で土壌《どじょう》を回復《かいふく》させることは、未《いま》だにできません。〃人間は木《こ》の葉《は》一枚《いちまい》つくることができない〃という謙虚《けんきょ》さを忘《わす》れた文明の延長線上《えんちょうせんじょう》に、「生命の世紀」を築《きず》くことはできないのです。

これは、農村人《のうそんじん》ならだれでも思うところでありましょう。だからこそ今、農村からの命を育《はぐく》む文化の発想《はっそう》が大切であり、皆《みな》さんのグリーンパワーに二十一世紀の未来があると訴《うった》えたいのです。

ある農村詩人が謳《うた》っています。

「キラキラ今朝《けさ》の新雪《しんせつ》の中で／冷害《れいがい》の暗い暦《こよみ》を引きさいて／新しい明日へむかって叫《さけ》ぶのだ／太陽がなければ太陽をとれ／人間は自然の奴隷《どれい》ではない／太陽は人間の中にある／太陽はみんなの中にある」（熊谷克治「太陽をとれ」、『詩文集　太陽をとれ』明治図書出版）と。

今まで農村社会は、時に冷害《れいがい》の暗い歴史を引きずったり、あたかも遅《おく》れた文化のように取《と》り沙汰《ざた》されたりもしました。しかし、そういう感覚に終わりを告《つ》げなければなりません。「二十一世紀の太陽は、農村人《のうそんじん》という人間の中にある」ことを強く強く確信《かくしん》していただきたい。

私は農村部に期待しています。「二十一世紀耕《たがや》す主役《しゅやく》 農村部」の新テーマのもと、地域《ちいき》から社会に覚醒《かくせい》を促《うなが》すルネサンス運動を展開《てんかい》する農村部に大きな期待をしています。皆《みな》さまこそ、「一人で百の姓《せい》をもつ」にふさわしく、一人一人が新世紀を耕《たがや》す大きな力《ちから》ある存在《そんざい》であると申《もう》し上《あ》げ、私のメッセージと致《いた》します。どうか、お体を大切に！ 地域、ご家族の皆《みな》さまに、くれぐれも宜《よろ》しくお伝えください。

大地が育《はぐく》む教育力が21世紀を開く

第5回 農村ルネサンス体験主張大会　2001・2・17

農村や漁村を使命の舞台《ぶたい》とされ、自《みずか》らの尊《とうと》い仕事に献身的《けんしんてき》な努力と創意工夫《そういくふう》をもって挑《いど》まれ、そして、地域《ちいき》の信頼《しんらい》を勝ち取りながら、広布《こうふ》の大道を築《きず》いてこられた皆《みな》さま方《がた》に、私は、いつも惜《お》しみない賞讃《しょうさん》と感謝《かんしゃ》の祈《いの》りを捧《ささ》げております。

「二十一世紀耕《たがや》す主役《しゅやく》　農村部」——なんと素晴《すば》らしいテーマでありましょうか。農村部の皆《みな》さま方《がた》の歩《あゆ》みこそ、二十一世紀の根本的な課題《かだい》である「生命のふるさと」を取《と》り戻《もど》す、新しき壮大《そうだい》なる人間復興運動《にんげんふっこううんどう》である、と私は限《かぎ》りない期待を寄《よ》せております。

私の少年時代、大田の羽田付近《はねだふきん》も、まだ豊《ゆた》かな自然が広がっていました。光る海と緑の萌《も》える田園《でんえん》は、私のかけがえのない友でした。

わが家でも、わずかな菜園《さいえん》を耕《たがや》し、鶏《にわとり》を飼《か》っていました。家業の海苔養殖《のりようしょく》が衰退《すいたい》したため、私たち子どもの食事にと懸命《けんめい》に働《はたら》く母の姿《すがた》が、そこにはありました。ゆえに、私の眼《め》に映《うつ》る農村風景は、いつも健気《けなげ》な母たちの姿《すがた》と重《かさ》なります。

その母を助けるために、私は敗戦の直後、リュックサックを背負《せお》い、食料の買い出しにも行きました。黄金色《こがねいろ》の田園《でんえん》風景に魅《み》せられ、佇《たたず》んでいた私の姿《すがた》を見かねて、麦わら帽子《ぼうし》をかぶった農家のご婦人《ふじん》が声をかけてくれました。わが家の苦境《くきょう》や、私が胸《むね》を患《わずら》っていたことを知ると、自分の食料として保存《ほぞん》されていた大切なイモを、納屋《なや》から両手いっぱいに抱《かか》えてきて、「持っていきなさい」と分《わ》けてくれました。

私は、農村婦人の「母のような真心」を掌《てのひら》いっぱいに渡《わた》されたような、厳粛《げんしゅく》な気持ちになりました。今もって忘《わす》れることのできない、宝《たから》の思い出であります。

「農業は、人間の最《もっと》も基本的《きほんてき》な職業《しょくぎょう》だ。それは、人間の営《いとな》みうる、最もりっぱな、最も有用な、それゆえ、最も高貴《こうき》な職業である」

「あらゆる技術《ぎじゅつ》のなかで第一の、そして最《もっと》も尊敬《そんけい》に値《あたい》するものは農業である」（ルソー『エミール』戸部松実訳、『世界の名著』30所収、中央公論社）と。私も、まったく大賛成《だいさんせい》であります。

このルソーは、「農業の教育力」を力説《りきせつ》しておりました。

私も、「大地が育《はぐく》む教育力」こそ、二十一世紀の混沌《こんとん》を解決《かいけつ》する「黄金の光」であると注目する一人であります。

農業は、「母なる大地」という「生きる」原点に基《もと》づく営《いとな》みであります。自分自身の手足を動かして働《はたら》くことは、「生きる」目的をつねに忘《わす》れず、「生きる」尊厳《そんげん》をつねに輝《かがや》かせていくことであります。

インドの独立《どくりつ》の父マハトマ・ガンジーもまた、「真の幸福と健康は、手足を適切《てきせつ》に使うことにある」と言って、自《みずか》ら農作業に汗《あせ》を流しました（田畑健編『ガンジー・自立の思想』片山佳代子訳、地湧社)。

まさに農村部の皆《みな》さま方《がた》の高貴《こうき》な人生に通ずると、私は思ってきました。

大地は、人間を教育する「母」であります。

トルストイの有名な『イワンのばか』という名作があります。悪魔《あくま》の策謀《さくぼう》に打ち勝ち、最後の勝利を摑《つか》んだのは、軍人として出世した兄や豪商《ごうしょう》になった兄ではなく、ただ大地に根を張《は》って生《い》き抜《ぬ》いた愚直《ぐちょく》なイワンであったという物語です。

最後にイワンは言います。「手にたこのできている人は、食卓《しょくたく》につく資格《しかく》があるが、手にたこのないものは、人の残りものを食わなければならない」(『トルストイ民話集』中村白葉訳、岩波文庫)と。

ここには、文明の華美《かび》や人間の虚飾《きょしょく》と戦った、晩年《ばんねん》のトルストイが託《たく》した深き哲学《てつがく》があります。虚栄《きょえい》の都市文明が失《うしな》った、人間の人間たる一つのゆえんが、ここに求《もと》められるといってよいでありましょう。

母なる大地は、人間のゆりかごであり、ふるさとであります。人間生命の存在《そんざい》は、大地とともにあるからであります。ゆえに人間は、生きた大地から足が離《はな》れると、根源的《こんげんてき》な力《ちから》を失ってしまうのです。

農村部の皆《みな》さま方《がた》は、大地を汗《あせ》して耕《たがや》すとともに、わが心の大地を、そして人々の生命の大地を、日々、耕しておられます。

「心こそ大切なれ」(御書一一九二ページ)であります。

現代社会《げんだいしゃかい》の行き詰《づ》まりの中で、心の大切さが改《あらた》めて見直《みなお》される今、人々の活力《かつりょく》と想像力《そうぞうりょく》を、みずみずしく蘇生《そせい》させることができるのは、母なる「大地の力《ちから》」を身《み》に体《たい》されている農村部の皆《みな》さま方《がた》以外にはおられません。

日蓮大聖人は、「法華経《ほけきょう》を耳《みみ》にふれぬれば是《これ》を種《たね》として必《かなら》ず仏《ほとけ》になるなり」(同五五二ページ)と仰《おお》せであります。

どうか農村部の皆《みな》さま方《がた》は「生命の世紀」の主体者として勇気に燃《も》えて、希望の対話を、あの地でも、この地でも、粘《ねば》り強《づよ》く繰《く》り広《ひろ》げていってください。皆さまの声の響《ひび》きこそが、二十一世紀の地球社会の大地を耕《たがや》し、平和と幸福の人間文化の花を咲《さ》かせゆく原動力だからであります。

結《むす》びに、大切な皆《みな》さま方《がた》のますますのご健康とご多幸《たこう》、そして、栄光と豊作《ほうさく》と勝利の一年また一年であられますことを、心からお祈《いの》り申《もう》し上《あ》げ、私のメッセージといたします。ご家族の皆《みな》さま、地域《ちいき》の方々《かたがた》にも、くれぐれもよろしくお伝えください。お体を大切に!

汗《あせ》を流して働《はたら》くことの尊《とうと》さ

第6回 農村ルネサンス体験主張大会　2002・2・10

「食」をめぐる厳《きび》しい環境《かんきょう》にあって、わが尊《とうと》き農村部の皆《みな》さま方《がた》が、歯を食いしばって苦境《くきょう》の打開《だかい》に取り組んでおられることに、私は最大の敬意《けいい》を表するものであります。

「信心即生活《しんじんそくせいかつ》」「仏法即社会《ぶっぽうそくしゃかい》」の偉大《いだい》な模範《もはん》の皆《みな》さま方《がた》に、私は、「断《だん》じて負けるな！」「断じて勝ちゆけ！」と、毎日毎日、お題目を送っております。そしてまた、これからも真剣《しんけん》に送り続けてまいります。

農村部の皆《みな》さま方《がた》が開催《かいさい》してこられた「『自然と人間』写真展《しゃしんてん》」のなかに、じつに鮮烈《せんれつ》な、東北の農村を撮影《さつえい》した一幅《いっぷく》の風景がありました。

そこには、大きな田んぼの真《ま》ん中《なか》で、田植《たう》えに精《せい》を出される、麦わら帽子《ぼうし》をかぶった、一人の小柄《こがら》なご婦人が映《うつ》し出《だ》されておりました。

そのご婦人の小さな姿《すがた》が、それはそれは大きな、そして力強《ちからづよ》い存在感《そんざいかん》をもって迫《せま》ってきたことが、私は大変に印象的であったのであります。

「農」に働《はたら》く方々《かたがた》の姿《すがた》には、人間の人間たる証《あか》しである「汗《あせ》を流して働くことの尊《とうと》さ」が凝《ぎょう》結《けつ》しております。さらにまた、苦労してこそ知《し》り得《う》る「人生の醍醐味《だいごみ》」が結晶《けっしょう》しているのであります。

「大地はわれわれ人間について、万巻《ばんかん》の書物より多くのことを教えてくれる」（『人間の大地』山崎庸一郎訳、みすず書房）と語ったのは、フランスの作家サン＝テグジュペリであります。

それはなぜか。「大地はわれわれに抵抗《ていこう》するから」（同前）であります。

勇敢《ゆうかん》に大地に立ち向かい、「抵抗《ていこう》するもの」と力比《ちからくら》べをして初《はじ》めて、人間は自分自身を知ることができる。

また、土《つち》を耕《たがや》して初《はじ》めて、大地と生命の結《むす》びつきを深く知ることができる。さらに、大地に生《い》き抜《ぬ》いて初めて、人間は大いなる存在《そんざい》になることができる、というのであります。

大地は語りかけてくれます。

「明日《あす》」を信ずることの希望を！　「冬」に備《そな》えることの先見性《せんけんせい》を！　そして、「生」を育《はぐく》むことのかけがえのない喜びを！

この「生命の原点」を生き生きと語り示《しめ》されながら、「農村ルネサンス」の光を、一日一日、輝《かがや》かせておられる太陽の存在《そんざい》こそ、使命も深き皆《みな》さま方《がた》であります。

私が現在《げんざい》対談を進めている、女性の未来学者ヘンダーソン博士は、師匠《ししょう》と仰《あお》ぐ経済学者《けいざいがくしゃ》シューマッハー博士の信念を力強《ちからづよ》く紹介《しょうかい》されておりました。

それは、「良き土《つち》は、良き社会の基《もとい》である」「土壌《どじょう》の質《しつ》がダメになると、そのときから文明もダメになる」（『地球対談　輝《かがや》く女性の世紀へ』、『池田大作全集』第114巻所収）というのであります。

いま、人類のよって立つ大地は、物心両面《ぶっしんりょうめん》にわたって、病《や》める文明、疲《つか》れた社会に覆《おお》われております。

その大地を耕《たがや》し、傷《きず》ついた土壌《どじょう》に命を入れて、蘇《よみがえ》らせることができるのは、わが誉《ほま》れの農村部の皆《みな》さま方《がた》以外にありません。

農村部の皆《みな》さま方《がた》が、堂々と声を上げ、社会に勇気と智慧《ちえ》の蘇生《そせい》の光を送っていかれることこそが、二十一世紀の最大の希望なのであります。

どうか、地域《ちいき》に信頼《しんらい》を友情《ゆうじょう》を大きく広げながら、わが地元から「人間革命」「生命革命」の大きな波を起こしていってください。

結《むす》びに、「忍耐《にんたい》の持続の彼方《かなた》に、栄光があり勝利がある」と申《もう》し上《あ》げ、私のメッセージとさせていただきます。

大切な尊《とうと》き皆《みな》さま方《がた》の益々《ますます》のご健康《けんこう》とご活躍《かつやく》とご多幸《たこう》を、心よりお祈《いの》り申《もう》し上《あ》げます。

地域《ちいき》の皆《みな》さま方《がた》、ご家族《かぞく》の皆さま方にも、どうか、呉々《くれぐれ》もよろしく、お伝えください。

自分自身が今いる場所が理想郷《りそうきょう》

第3回 農村ワールド会議（岩手） 2002・9・10

今回の会議では、テーマに「共生《きょうせい》の大地に希望輝《かがや》く理想郷《りそうきょう》を」と掲《かか》げられたと伺《うかが》いました。素晴《すば》らしいテーマです。

今、私は、ロシアを代表する世界的な宇宙飛行士《うちゅうひこうし》セレブロフ氏と、「宇宙」と「地球」と「人間」を語る対談を進めております。その中でも、人類にとって「共生《きょうせい》の大地」がいかに重要であるかについて、論《ろん》じ合《あ》いました。（＝二〇〇四年十一月、『宇宙と地球と人間』として潮出版社から発刊、『池田大作全集』第141巻所収）

宇宙《うちゅう》ステーションに滞在《たいざい》している時、地球からの貨物船《かもつせん》が到着《とうちゃく》すると、圧力《あつりょく》が高くなっている貨物船の方《ほう》から、一陣《いちじん》の風が吹《ふ》き込《こ》んでくるそうです。それは、故郷《こきょう》の緑の大地の新鮮《しんせん》なヨモギの香《かお》りを伝えてくれる。その感動を、セレブロフ氏は、しみじみと語られました。

長期の宇宙滞在《うちゅうたいざい》で生《しょう》じる、様々なストレスに耐《た》え抜《ぬ》いていくために、宇宙船の中で小麦を育てることもあるといいます。すなわち、小麦の近くにいると、まるで地球の大地にふれているようで、それだけで心が落ち着く。そして、ムギが順調《じゅんちょう》に育って穂《ほ》を実《みの》らせゆく姿《すがた》に、乗組員《のりくみいん》全員《ぜんいん》が〝農の喜び〟を分《わ》かち合《あ》うことができることも話題《わだい》になりました。

この〝農の喜び〟を誰《だれ》よりも深く体現《たいげん》しつつ、宇宙船地球号《うちゅうせんちきゅうごう》を正しい平和と共生《きょうせい》の軌道《きどう》へリードしておられる、最《もっと》も尊《とうと》い操縦士《そうじゅうし》こそ、わが農村部の皆《みな》さま方《がた》なのであります。

先日も、南アフリカで「環境開発《かんきょうかいはつ》サミット」が開催《かいさい》され、その成功へ、わがSGIも誠実《せいじつ》に貢献《こうけん》いたしました。

岩手が生んだ童話《どうわ》作家で農村指導者《のうそんしどうしゃ》の宮沢賢治は、生きとし生けるものは、「みんな、みんな、むかしからのおたがいのきょうだいなのだ」と述《の》べております。そして、「大きな勇気を出してすべてのいきもののほんとうの幸福をさがさなければいけない」（「手紙　四」、『新校本宮澤賢治全集』12所収、筑摩書房）と呼《よ》びかけました。

人類は今こそ、一切の原点である「生命の大地」に立《た》ち還《かえ》り、生き生きとした人間と人間の「平和の文化」、そして人間と自然の「共生《きょうせい》の文化」を創造《そうぞう》していかねばなりません。

あのインドの詩人タゴールも、故郷《こきょう》ベンガルで農業改善《のうぎょうかいぜん》や地域改革《ちいきかいかく》に真剣《しんけん》に取り組みました。彼は叫《さけ》んでおります。

――「国家の生命の中枢《ちゅうすう》」は「農村」である。ゆえに、社会は農村を絶対《ぜったい》に軽視《けいし》してはならない。農村の人々は、勇敢《ゆうかん》に新しい創造《そうぞう》の力《ちから》を発揮《はっき》せよ！　一つの地域《ちいき》の変革《へんかく》は、やがて国土全体へと広がっていくであろう、と。（森本達雄「タゴールと十九世紀ベンガルの民族覚醒」、『タゴール著作集　別巻　タゴール研究』所収、第三文明社、参照）

日蓮大聖人は、「我《われ》らが居住《きょじゅう》して妙法《みょうほう》を修行《しゅぎょう》する所《ところ》は、いずれの場所であっても、常寂光《じょうじゃっこう》の都となる」（御書一三四三ジペー、趣意）と仰《おお》せであります。理想郷《りそうきょう》とは、どこか遠くにあるのではありません。

どうか、農村部の皆《みな》さまは、深遠《しんえん》なる生命の哲理《てつり》を一段《いちだん》と光り輝《かがや》かせながら、自分自身が今いるその地域《ちいき》を、最高に希望輝《きぼうかがや》く理想郷《りそうきょう》へ、勇敢《ゆうかん》に忍耐強《にんたいづよ》く築《きず》いていってください。現代文明《げんだいぶんめい》を蘇生《そせい》させゆく智慧《ちえ》と生命力は、他の誰《だれ》でもない、わが農村部の皆《みな》さまにこそ、満《み》ち満ちているからであります。

「仏法《ぶっぽう》は勝負」です。本日ご出席くださった、すべての皆《みな》さま方《がた》が、一人も残らず、ご健康《けんこう》でご多幸《たこう》で、限《かぎ》りなき勝利と栄光に包《つつ》まれゆくことを、心からお祈《いの》り申《もう》し上《あ》げます。

農漁業興隆《こうりゅう》の国こそが〝真の先進国〟

第11回 農漁村ルネサンス体験主張大会　2008・2・10

仏法《ぶっぽう》では「民《たみ》は食《じき》を天とす」（御書一五五四ジー）と説《と》かれております。人々の命の根幹《こんかん》である「食《しょく》」を支《ささ》えてくださる、一番、尊貴《そんき》な皆《みな》さま方《がた》に、私は天を仰《あお》ぐが如《ごと》く、最大の敬意《けいい》と感謝《かんしゃ》を込《こ》めて、一言、メッセージを贈《おく》らせていただきます。寒いなか、本当にご苦労《くろう》さまでございます。

ご存《ぞん》じのように、私は、一九七二年から二年越《ご》しで、あの大歴史学者トインビー博士と、人類の未来を見つめて対談を行《おこな》いました。

その大きな焦点《しょうてん》として、博士と私は「農漁村」に光を当てました。そして、自然環境《しぜんかんきょう》との調和・共生《きょうせい》を図《はか》る農漁業が興隆《こうりゅう》する国こそが、真の意味での先進国になると展望《てんぼう》したのであります。

深き偉大《いだい》な使命を帯《お》びた、わが農村部・漁村部が誕生《たんじょう》したのは、まさに、このトインビー博士との対談を終えた年の秋でありました。以来、三十五年。皆《みな》さま方《がた》は、妙法《みょうほう》という生命尊厳《せいめいそんげん》の大哲学《だいてつがく》を根本として、ありとあらゆる困難《こんなん》を乗《の》り越《こ》えて、地域《ちいき》へ貢献《こうけん》を果《は》たされ、「農漁村ルネサンス」の豊《ゆた》かな実《みの》りをもたらしてくださいました。

いま、日本の農漁村は、世界でも例を見ない高齢化《こうれいか》や過疎化《かそか》、漁業資源《ぎょぎょうしげん》の減少《げんしょう》、世界との価格競争《かかくきょうそう》など、厳《きび》しい現実《げんじつ》に直面《ちょくめん》しております。「食《しょく》」の安全に対する関心も、かつてない高まりであります。

そうしたなか、皆《みな》さま方《がた》は最《もっと》も崇高《すうこう》な農漁業に、わが人生を賭《か》けて、勇敢《ゆうかん》に誠実《せいじつ》に、辛抱強《しんぼうづよ》く努力を貫《つらぬ》いてこられました。そして誰《だれ》よりも深く祈《いの》り、誰よりも真剣《しんけん》に智慧《ちえ》を出して、創意《そうい》工夫《くふう》を積《つ》み重《かさ》ねておられます。この皆さま方の偉大《いだい》な闘争《とうそう》は、必ずや後世の歴史家からも最大に賞讃《しょうさん》され、万人《ばんにん》の感謝《かんしゃ》を捧《ささ》げられることでありましょう。

「道理証文《どうりしょうもん》よりも現証《げんしょう》にはすぎず」（御書一四六八ジ）と日蓮大聖人が仰《おお》せの通り、農漁村部の皆《みな》さま方《がた》の勝利の実証《じっしょう》ほど、雄弁《ゆうべん》に心を打つものはありません。

大聖人は、けなげな女性の弟子に対し、仰《おお》せになられました。

「あなたが持《たも》ち、実践《じっせん》している妙法《みょうほう》は、たとえてみれば、大地のようなものです。万物《ばんぶつ》を生み出すことができるのです。さらにまた、大海のようなものです。すべての流れを納《おさ》めていくことができるのです。そしてまた、太陽や月のようなものです。全世界を照《て》らしていくことができるのです」（同一二六三ジ、趣意）と言われるのであります。

この大宇宙《だいうちゅう》の本源《ほんげん》の大法則《だいほうそく》に合致《がっち》しながら、わが生命の智慧《ちえ》と力《ちから》を限《かぎ》りなく発揮《はっき》しておられるのが、皆《みな》さま方《がた》の「信心即生活《しんじんそくせいかつ》」「仏法即農漁業《ぶっぽうそくのうぎょぎょう》」の行動なのであります。

ゆえに決して行き詰《づ》まりはありません。妙法《みょうほう》と共《とも》に生きゆく最極《さいごく》の正義《せいぎ》の信念の人生に、断《だん》じて恐《おそ》れるものなどないのであります。

結《むす》びに、トインビー博士の信念の叫《さけ》びを、皆《みな》さま方《がた》に贈《おく》ります。

「指導者《しどうしゃ》として勝利するために、絶対《ぜったい》に欠《か》くことのできない条件《じょうけん》とは何か。それは『勇気』と『自信』である。そして民衆《みんしゅう》のなかにも『勇気』と『自信』を奮《ふる》い立《た》たせることのできる力《ちから》である」と。

どうか、いかなる王侯貴族《おうこうきぞく》もかなわない、生命の大王者、幸福の大博士として、諸天《しょてん》をも味方につけながら、いやまして信頼《しんらい》と勝利の旗《はた》を高らかに掲《かか》げていってください。

私も海苔屋《のりや》の生まれであり、農漁村部の一員として、皆《みな》さま方《がた》のご健康《けんこう》と一切の無事故《むじこ》、そしてご一家《いっか》の益々《ますます》のご繁栄《はんえい》を、妻《つま》とともに、毎日毎日、真剣《しんけん》に祈《いの》ってまいります。まだまだ、寒い日が続きます。どうか、風邪《かぜ》などひかれませんように。お体を大切に！

わが宝《たから》の農村部、万歳《ばんざい》！　漁村部、万歳！　漁光部、万歳！

農漁村ルネサンスの勝利と栄光の春、万歳《ばんざい》！

東北の復興《ふっこう》、日本の新生への一歩を！

第15回　農漁村ルネサンス体験主張大会　2012・2・5

東北の復興《ふっこう》、そして日本の新生《しんせい》へ、全国を結《むす》んで、希望と勇気の光を贈《おく》りゆかれる農漁村のルネサンス体験主張大会、誠《まこと》におめでとうございます。

寒い中、また御多忙《ごたぼう》のところ、各地の会場にお越《こ》しくださった御来賓《ごらいひん》の皆《みな》さま、友人の皆さまに、私からも心より感謝申《もう》し上《あ》げます。

役員として支《ささ》えてくださっている皆《みな》さまも、本当にありがとうございます。

発表される四人の方々《かたがた》のすばらしい体験主張の内容を、私も心で感涙《かんるい》しながら伺《うかが》いました。それぞれに、言葉に尽《つ》くせぬ試練《しれん》に直面《ちょくめん》しながら、よくぞ戦い抜いてくださった。そして、よくぞ勝ち越《こ》えてくださった。

この尊《とうと》い体験の中に、今の時代に最《もっと》も大切な勇気も智慧《ちえ》もある。さらに、忍耐《にんたい》も人間の絆《きずな》も、一切が含《ふく》まれていると感ずるのは、私一人ではないでありましょう。

ロシアの大文豪《だいぶんごう》トルストイは語りました。

「農作業を困難《こんなん》だと思えば、それは苦しみとなる。しかし、喜びだと理解《りかい》すれば、それは喜びとなり、人間が得《え》ることのできる最高の栄誉《えいよ》が贈《おく》られるであろう」（Полное собрание сочинений. Том64. М: Терра）と。

わが農漁光部の皆《みな》さまが、あの地でもこの地でも、苦難《くなん》に立ち向かって勝ち開いてこられた歓喜《かんき》と信頼《しんらい》の実証《じっしょう》こそ、まさしく、トルストイも讃《たた》える「人間の最高の栄誉《えいよ》」ではないでしょうか。

仏典《ぶってん》には「少しも恐《おそ》れる心があってはなりません。夏と秋と冬と春の四季の変わり目には、必ず、それまでとは異《こと》なることがあります。凡夫《ぼんぷ》が仏《ほとけ》になる時もまた同じことです。必ず三障《さんしょう》四魔《しま》という障害《しょうがい》が出てくるので、賢者《けんじゃ》は喜び、愚者《ぐしゃ》は退《しりぞ》くとは、まさにこのことなのです」（御書一〇九一ページ、趣意）と説《と》かれております。

「賢者《けんじゃ》は喜び、愚者《ぐしゃ》は退《しりぞ》く」であります。

いかに分厚《ぶあつ》い壁《かべ》が立ちはだかろうとも、喜び勇んで前へ進み、家族のため、友のため、地域《ちいき》のため、社会のため、未来のために、断固《だんこ》として打《う》ち破《やぶ》ってみせる。

そして、いかなる苦しみも楽しみに変えながら、皆《みな》を幸福と安穏《あんのん》へ、平和と共生《きょうせい》へ、厳然《げんぜん》とリードしていく。

これが「賢者《けんじゃ》の中の大賢者」の生《い》き方《かた》であります。

この「生きる喜び」と「絶対勝利《ぜったいしょうり》」の原動力こそ、正しき生命尊厳《せいめいそんげん》の信仰《しんこう》なのであります。

デンマークの「復興《ふっこう》の父」と讃《たた》えられる、教育者グルントヴィは詠《うた》いました。

「太陽は農民とともに起きて昇《のぼ》る」「太陽はつま先から頭《あたま》のてっぺんまで最良に照《て》らす／外で

働く者をいちばんに」(「啓蒙」、『生の啓蒙』小池直人訳、風媒社)

誇《ほこ》り高き農漁光部の皆《みな》さまの生命こそが、太陽そのものです。

さあ、朗《ほが》らかな「希望の太陽」「勇気の太陽」として、「私は負けない!」「我《われ》らは絶対《ぜったい》に負けない!」と、愛する郷土《きょうど》の大地を照《て》らし、大海原《おおうなばら》を照らし、人々の心を赫々《かっかく》と照らしながら、共々《ともども》に前進していこうではありませんか!

終わりに、出席くださった皆《みな》さまのご健勝《けんしょう》とご多幸《たこう》を心からお祈《いの》り申し上げます。

そして、東北の被災地《ひさいち》の方々《かたがた》の一日も早い復興《ふっこう》、さらに日本全国の豊作《ほうさく》と豊漁《ほうりょう》を祈《いの》りに祈って、私のメッセージとさせていただきます。

戦う「農漁光部」の一員　池田大作

「平和」と「共生《きょうせい》」の世界《せかい》建設《けんせつ》の光源《こうげん》

第1回 世界農漁村青年会議（宮城） ２０１３・９・８

きょうは、「東北福光《とうほくふっこう》の世紀」へ、また「農漁村ルネサンスの世紀」へ、さらに「生命尊厳《せいめいそんげん》の世紀」へ、尊《とうと》く深く希望あふれる一歩が刻《きざ》まれました。

歴史的な新時代第一回「世界農漁村青年会議」の開催《かいさい》、誠《まこと》におめでとうございます！

アメリカから、ヨーロッパ各国から、さらに南米ブラジルから、遠路《えんろ》はるばる出席された、若《わか》き「世界広布《せかいこうふ》の大英雄《だいえいゆう》」の皆《みな》さん方《がた》、本当にようこそ、いらっしゃいました！

私が、いずこにもまして信頼《しんらい》する石巻《いしのまき》、そして大東北の同志《どうし》と共《とも》に、熱烈《ねつれつ》に歓迎《かんげい》いたします。

ここ石巻市《いしのまきし》は「食を活《い》かした元気な石巻」都市宣言《としせんげん》を採択《さいたく》しています。

その中には、「食は、人が生きていくためにはなくてはならない命の源《みなもと》です」と謳《うた》われております。

まさしく、私たちの生命の営《いとな》みは、全《すべ》て、農業、漁業に携《たずさ》わる方々《かたがた》の尊《とうと》い労苦と汗《あせ》あればこそ、成り立っているのであります。

都市化やＩＴ（情報技術《じょうほうぎじゅつ》）化がいかに脚光《きゃっこう》を浴《あ》びても、新鮮《しんせん》で安全で十分な食べ物がなければ、命は保《たも》てない。健康も、活力も生まれません。

農業、漁業をはじめ「食」を支《ささ》える職業《しょくぎょう》は、万人《ばんにん》が敬虔《けいけん》なる感謝《かんしゃ》を捧《ささ》げるべき聖業《せいぎょう》でありま す。それに携《たずさ》わる方々《かたがた》の忍耐強《にんたいづよ》く、地道で、慈愛《じあい》と智慧《ちえ》が光る労作業に対して、最敬礼《さいけいれい》する心こそ、真に健《すこ》やかな社会を創《つく》りゆく基《もとい》でありましょう。

私が対談したイギリスの歴史学者、トインビー博士も、人間の生《い》き方《かた》として、農業は心理的にも満足感が大きいと指摘《してき》されました。その充実《じゅうじつ》は、まさに、人生の生き甲斐《がい》と一体です。

東北では、若《わか》い女性《じょせい》の就農者《しゅうのうしゃ》も増《ふ》えていると伺《うかが》いました。

「土《つち》に触《ふ》れる喜び」「命を育てる喜び」は自分自身の生命をも輝《かがや》かせます。

ゆえに、農業、漁業を大切にしない社会は、生命を軽視《けいし》する野蛮《やばん》な社会となり、全《すべ》ての面で行き詰《づ》まる。農業、漁業に携《たずさ》わる方々《かたがた》が、いやまして豊《ゆた》かに幸福に光り輝《かがや》く社会を――これが私の一貫《いっかん》した持論《じろん》であり、心からの叫《さけ》びであります。

かねてより、「世界食糧銀行《せかいしょくりょうぎんこう》」の構想《こうそう》も提唱《ていしょう》してまいりました。二十一世紀の最重要課題の一つは、地球的な食料安全保障《しょくりょうあんぜんほしょう》の確立《かくりつ》でありましょう。

ともあれ、東日本大震災《だいしんさい》のあまりに甚大《じんだい》な被害《ひがい》から力強《ちからづよ》く立ち上がられた石巻《いしのまき》で、農業、漁業の未来を青年たちが語り合う本日の会議が、東北復興《とうほくふっこう》の希望の道標《みちしるべ》となり、「平和」と「共生《きょうせい》」の世界を建設《けんせつ》しゆく勇気の光源《こうげん》となることを、深く念願《ねんがん》してやみません。

思えば、ここ石巻《いしのまき》の発展《はってん》の歴史を開いたのも、青年でした。

今から四百年ほど前、当時二十代であった治水《ちすい》の名手・川村孫兵衛《かわむらまごべえ》は〝五百石《こく》の良い土地を与《あた》えるから働《はたら》いてほしい〟と請《こ》われ、こう答えたそうです。〝それよりも荒《あ》れ地《ち》をください。そこを開拓《かいたく》します〟と。

この言葉通り、荒《あ》れ地《ち》を美事《みごと》な田園《でんえん》へと変えました。

土木技術《どぼくぎじゅつ》に長《た》けた彼は、河川《かせん》の改修《かいしゅう》をやり遂《と》げ、港を建設《けんせつ》。水上交通が整《ととの》えられた石巻《いしのまき》は米を積《つ》み出《だ》す海運《かいうん》の要衝《ようしょう》として栄《さか》えていったのであります（土木学会編『明治以前　日本土木史』岩波書店、参照）。

農業の発展《はってん》と地域《ちいき》の繁栄《はんえい》は、密接《みっせつ》に結《むす》びついています。畑を耕《たがや》すことは、地域《ちいき》を耕し、心を耕し、未来を耕し、地球を耕していきます。

創価の先師《せんし》・牧口常三郎先生は、郷土《きょうど》で培《つちか》う「共生《きょうせい》の生命感覚」こそが、世界市民の意識《いしき》の礎《いしずえ》となると展望《てんぼう》されていたのであります。なかんずく、東北の大地で鍛《きた》え上《あ》げられた不撓不屈《ふとうふくつ》の青年力が、どれほど壮大《そうだい》な偉業《いぎょう》を成《な》し遂《と》げるか。

歴史上、初めて世界一周を果《は》たした日本人も、東北の青年たちでありました。

十八世紀末、石巻《いしのまき》の船が大風に吹《ふ》かれて遭難《そうなん》した折、十六人の船乗りを乗せた船は、約半年間も漂流《ひょうりゅう》した末《すえ》、太平洋北部の小島に流れ着きました。

そこで人々に温かく遇《ぐう》された一行《いっこう》は、ロシアを横断《おうだん》し、皇帝《こうてい》にも謁見《えっけん》します。

その後、再《ふたた》び船に乗り、ヨーロッパ、ブラジル沖《おき》、ハワイを通って、帰国したのです。石巻《いしのまき》を出てから、実《じつ》に十一年後のことでした。

旅の途中《とちゅう》で異国《いこく》の地の国籍《こくせき》を取得《しゅとく》した人もいました。その一人、石巻出身《いしのまきしゅっしん》の青年船乗《ふなの》り・善《ぜん》六《ろく》は、少しずつ言葉を身《み》につけ、のちにロシア語と日本語を対応《たいおう》させた辞書（外交官レザノフと共同編）を編《へん》さんしました（大島幹雄著『魯西亜から来た日本人』廣済堂出版、参照）。

その原本は、私たちが交流を重《かさ》ねてきた世界的学術機関《せかいてきがくじゅつきかん》「東洋古文書研究所」に厳然《げんぜん》と保管《ほかん》され、第一級の史料《しりょう》と評価《ひょうか》されております。

青年の力《ちから》は無限《むげん》です。たとえ逆境《ぎゃっきょう》に突《つ》き落《お》とされても、ピンチをチャンスに変える。最後に勝つドラマをつくる。それが青年の強さです。

偉大《いだい》な使命に生《い》き抜《ぬ》けば、偉大な自分を築《きず》いていける。いわんや、変毒為薬《へんどくいやく》の妙法《みょうほう》を持《たも》った青年には、不可能《ふかのう》をも可能にする力《ちから》があるのです。

日蓮大聖人は、仰《おお》せになられました。

「此法門《このほうもん》を日蓮申《もう》す故《ゆえ》に忠言耳《ちゅうげんみみ》に逆《さか》う道理《どうり》なるが故《ゆえ》に流罪《るざい》せられ命《いのち》にも及《およ》びしなり、然《しか》れどもいまだこりず候法華経《そうろうほけきょう》は種《たね》の如《ごと》く仏《ほとけ》はうへての如く衆生《しゅじょう》は田《た》の如くなり」（御書一〇五六ページ）と。

東北をはじめ世界の農漁光青年は、この御聖訓《ごせいくん》を命に刻《きざ》み、どんな苦難《くなん》があっても、「いまだこりず候《そうろう》」と負《ま》けじ魂《だましい》を燃《も》え上《あ》がらせて、断固《だんこ》として仕事で勝ち、地域《ちいき》で勝ち、社会で勝ち、偉大《いだい》な人生の勝利者となっていってください。

皆《みな》さんの一人一人の「人間革命」の勝利の舞《まい》が、あとに続く青年たちに無限《むげん》の希望を贈《おく》りゆくからであります。そして、縁《えん》する友の心の大地に、妙法《みょうほう》という「幸福の種」「繁栄《はんえい》の種」「平和の種」を、勇敢《ゆうかん》に、聡明《そうめい》に、誠実《せいじつ》に蒔《ま》いていっていただきたいのであります。

きょう、ＳＧＩの皆《みな》さんが献花《けんか》を行《おこな》ってくれた看板《かんばん》「がんばろう！　石巻《いしのまき》」は、わが愛する大東北の青年力の象徴《しょうちょう》であります。

結《むす》びに、私もきょう集《つど》われた皆《みな》さんと一緒《いっしょ》に、「がんばろう！　東北」「がんばろう！　日本、そして世界の農漁光青年」と声高《こえたか》らかに叫《さけ》んで、メッセージといたします。

温かく見守り、陰《かげ》で支《ささ》えてくださった地元の創価家族の皆《みな》さまに、心から感謝《かんしゃ》申《もう》し上《あ》げます。

「地域力《ちいきりょく》」「青年力」「女性力」で前進

第17回 農漁村ルネサンス体験主張大会　2014・2・9

ルネサンスとは、何と気高《けだか》く、何と力強い響《ひび》きでしょうか。

この「農漁村ルネサンス体験主張大会」には、誇《ほこ》りも高く「ルネサンス」すなわち「再生《さいせい》」「復興《ふっこう》」の名が冠《かん》せられています。

この伝統《でんとう》は、二十年ほど前、不屈《ふくつ》の東北の天地から始まりました。ここに込《こ》められているのは、農漁村で生きる民衆自身《みんしゅうじしん》、そして地域自体《ちいきじたい》に具《そな》わる豊《ゆた》かな可能性《かのうせい》を再発見《さいはっけん》し、生き生きと蘇《よみがえ》らせていく、希望の価値創造《かちそうぞう》への大情熱《だいじょうねつ》であります。

また、晴れやかな笑顔《えがお》で迎《むか》える「農漁光部の日」、本当に、おめでとうございます。

わが農漁光部の皆《みな》さまは、今年《ことし》、三つの力《ちから》――つまり「地域力《ちいきりょく》」「青年力」そして「女性力」の発揮《はっき》を目指し、意気高《いきたか》く前進されています。

「尊《とうと》き食を守り、かけがえのない命を育《はぐく》むのは、我《われ》らなり」との、深い自覚と使命感から導《みちび》き出された、この三つの力《ちから》にこそ、持続可能《じぞくかのう》な社会を創《つく》り開く急所《きゅうしょ》があると、私は確信《かくしん》する一人であります。

今日のこの集いが、それぞれの地域《ちいき》にあって、麗《うるわ》しき励《はげ》まし合いのスクラムを一段《いちだん》と固《かた》く結《むす》び、愛する郷土《きょうど》の「地域力《ちいきりょく》」「青年力」「女性力」を強めていく契機《けいき》となれば、これほど嬉《うれ》しいことはありません。

「私は田園《でんえん》に魅力以上《みりょくいじょう》のものを――限《かぎ》りない荘厳《そうごん》さを見いだしています」（ロマン・ロラン『ミレー』蛯原徳夫訳、岩波文庫）と高らかに宣言《せんげん》したのは、農民の生活を描《えが》いた巨匠《きょしょう》ミレーでありました。

私も、まったく同じ心情《しんじょう》であります。

農漁村には、土《つち》に触《ふ》れ、潮風《しおかぜ》を呼吸《こきゅう》し、大自然と共《とも》に、家族と共に、仲間と共に、人間らしく生きる生命の律動《りつどう》があります。大地を友とし、大海原《おおうなばら》を友として、壮大《そうだい》にして永遠性《えいえんせい》の大勝利の人生を悔《く》いなく生き切る歓喜《かんき》があり、充実《じゅうじつ》があります。

たしかに農漁業を取《と》り巻《ま》く状況《じょうきょう》は、あまりにも厳《きび》しい。また、大自然を相手にした労作業《ろうさぎょう》は、挑戦《ちょうせん》と失敗、そして忍耐《にんたい》の日々の連続でありましょう。しかし、その中でこそ、何ものにも負けない不撓不屈《ふとうふくつ》の魂《たましい》は鍛《きた》え上《あ》げられていきます。このことを、海苔作《のりづく》りの家に生まれ育った私も、しかと実感してきました。

日蓮仏法《ぶっぽう》では「人《ひと》の悦《よろこ》び多多《たた》なれば天《てん》に吉瑞《きちずい》をあらはし」（御書一一四二ジペー）と説《と》かれております。

強く正しく賢《かしこ》く生きる人々の喜びの連帯《れんたい》が広がるならば、それに天も応《こた》えて、国土《こくど》は平和に栄《さか》えていくとの法理であります。

かつて、イタリア・ルネサンスの巨人《きょじん》レオナルド・ダ・ビンチは、「世《よ》につくす」ことに疲《つか》れを知らないと語りました。（『レオナルド・ダ・ヴィンチの手記』上、杉浦明平訳、岩波文庫）

私たちは、ダ・ビンチの如《ごと》く、満々と湧《わ》き出ずる偉《い》大《だい》な人間の知恵《ちえ》と力《ちから》を発揮《はっき》してまいりたい。そして全国の津々浦々《つつうらうら》を結《むす》ぶこの大会から、わが地域《ちいき》の再生《さいせい》へ、日本の復興《ふっこう》へ、更《さら》に生命のルネサンスへ、希望の一歩を踏《ふ》み出《だ》していこうではありませんか！

結びに、ご出席くださった皆《みな》さま方《がた》のご健康《けんこう》とご多幸《たこう》とともに、この一年の豊作《ほうさく》、豊漁《ほうりょう》を、心よりお祈《いの》り申《もう》し上《あ》げます。

敬愛《けいあい》する農漁村の友に幸福あれ！　栄光あれ！　勝利あれ！

「冬は必ず春となる」と深く確信《かくしん》しながら。

第5章

対談

『二十一世紀への対話』

イギリス　歴史家
アーノルド・J・トインビー
池田大作
（1975年　発刊）

都市から農村へ
〈第1部／第2章「人間を取《と》り巻《ま》く環境《かんきょう》」〉（抜粋）

工業社会から農業社会へ歴史の転換《てんかん》を

［池田］現在《げんざい》、大量の農薬と化学肥料《かがくひりょう》が、農作物に投入《とうにゅう》されています。これによって農業が機械化され、人間の労働が軽減《けいげん》されていることは確《たし》かです。しかし、化学肥料の使用は、作物の風味を落とします。そのうえ、化学肥料は病原菌《びょうげんきん》などに対する作物の抵抗力《ていこうりょく》を弱めるため、ど

うしても農薬を使用せざるをえなくなるといわれます。

日本のある農学者のリポートを読んだとき、イギリスのある学校の給食について書かれた箇《か》所《しょ》がありました。それによりますと、化学肥料で育てた農作物を給食に当《あ》てていたときは、学《がく》童《どう》たちの間に病気が絶《た》えなかったのが、自然肥《しぜんひ》による農作物に替《か》えたところ、学童たちは見違《みちが》えるように元気になった、ということでした。

もしこれが事実なら、自然肥《しぜんひ》を使い、太陽の光と熱のもとで自然のままに営《いとな》む農業が、いちばん望ましいことになります。しかも、農薬の使用が自然を汚損《おそん》させ、昆虫《こんちゅう》や小動物を絶滅《ぜつめつ》させ、ひいては人間の健康や生存《せいぞん》それ自体にも脅威《きょうい》を与《あた》えていることを考えれば、われわれは、農業の近代化の方向について、大きく思考の転換《てんかん》を迫《せま》られているというべきでしょう。

［トインビー］　たしかに、最近、化学肥料《かがくひりょう》や殺虫剤《さっちゅうざい》の大量使用によって、農産物の出来高《できだか》はめざましく増大《ぞうだい》していますが、私も、こうして作られた食物は栄養分も少なく、健康にもよくないのではないかと危惧《きぐ》しています。さらに、こうした不自然な扱《あつか》い方《かた》によって、天然の土壌《どじょう》の肥沃《ひよく》さが、やがて取り返しがつかないほど損《そこ》なわれてしまうのではないかと心配するのです。

これまで、ほぼ一万年にわたって農業を営《いとな》んできた経験《けいけん》から、われわれは、さほど高い生産《せいさん》性《せい》を望まないかぎり、家畜《かちく》の糞《ふん》を肥料《ひりょう》に使う混合的《こんごうてき》な農法をとったり、作物の輪作《りんさく》を行《おこな》ったりして、農耕地《のうこうち》の肥沃《ひよく》さを長く維持《いじ》しうることを実証《じっしょう》してきました。また、そうした農法がとれない地域《ちいき》では、田畑を定期的に休ませることもできるわけです。

農業に適《てき》した土地は、稀少《きしょう》な資源《しげん》です。そうした土地は、地球の陸地全体のうちでも、ほんのわずかな比率《ひりつ》を占《し》めるにすぎません。したがって、土壌《どじょう》の保護《ほご》は、何にもまして優先的《ゆうせんてき》に行《おこな》う必要があります。昔ながらの農法に頼《たよ》っていた時代でさえ、地域《ちいき》によっては、もともと肥沃《ひよく》だった土地が、耕作《こうさく》と牧畜《ぼくちく》のしすぎのために、砂漠《さばく》になってしまった例もあります。

われわれは、目先《めさき》の貪欲《どんよく》さにつられて生産増加《ぞうか》を急ぐあまり、同じような荒廃《こうはい》を、より大規《だいき》模《ぼ》な形で招《まね》く危険性《きけんせい》が、すでにあるのです。そうした危険性は、最近、農業に化学が応用《おうよう》されたことによって、ますます深刻化《しんこくか》しています。人類には、食糧供給《しょくりょうきょうきゅう》の維持《いじ》を危険《きけん》にさらしていいほどの余裕《よゆう》は、とてもありません。これらの点を考えてみれば、われわれは、明らかに、かつての伝統的《でんとうてき》な農法にいまこそ立ち返るべきなのです。つまり、人間の労働力を主体とした農法に、立《た》ち戻《もど》らなければならないのです。

［**池田**］　そうした、人間の労力を主体とする農業は、たくさんの農業労働者を必要とします。このような労働力に対する需要《じゅよう》の増大《ぞうだい》は、現段階《げんだんかい》においては困難《こんなん》な問題を起こしていますが、都市部において工業のオートメ化が進めば、工業労働人口は減少《げんしょう》することも予想されます。それを考えれば、これまで農業から工業へ、農村から都市へと集中していた人口が、逆流現象《ぎゃくりゅうげんしょう》を起こすのではないかとも予想されます。つまり、工業人口が減《へ》り、農業人口が多数を占《し》めるようになる、という推測《すいそく》も成り立つわけです。

工業のオートメ化によって物質的《ぶっしつてき》な豊《ゆた》かさが保証《ほしょう》されるのであれば、いま申《もう》し上《あ》げたような転換《てんかん》は、人間の肉体的、精神的健康《せいしんてきけんこう》のためにも、きわめて好《この》ましい方向ではないかと私は考えます。もちろん、そのような転換は、現代産業社会《げんだいさんぎょうしゃかい》で強大な発言権《はつげんけん》をもつ化学工業の企業《きぎょう》から、

対談は、1972年、73年の両年、約10日間にわたって行われ、75年3月、対談集「二十一世紀への対話」として発刊された。同書では、「農業」が重要なテーマの一つに（1972年5月、ロンドンで）

大きな抵抗《ていこう》を受けることになるかもしれません。それを克服《こくふく》するためには、広範《こうはん》な民衆《みんしゅう》の意識《いしき》変革《へんかく》と、社会運動の展開《てんかい》がなされなければならないでしょう。

ともあれ、これからの人間文化の流れとして、一方的に農業社会から工業社会へという方向だけを考えるべきではないでしょう。工業社会から農業社会へという方向、ないしは少なくとも農業と工業が並立《へいりつ》する社会へという方向が考えられますし、また考えていかなければならないと思うのです。

［トインビー］　あなたの示唆《しさ》される転換《てんかん》は、農業にとって望《のぞ》ましいだけでなく、現在《げんざい》の都市人口にとっても好ましいことです。産業革命《さんぎょうかくめい》以降《いこう》、技術《ぎじゅつ》、経済面《けいざいめん》でのいわゆる先進諸国《せんしんしょこく》においては、人口の大部分が農村から都市へと吸《す》い込《こ》まれていきました。これは一つの社会的災害《しゃかいてきさいがい》でした。都市の工場や会社での仕事は、人間の生き方として、また生計の資を得《え》る手段《しゅだん》としては、農村での農耕《のうこう》や牧畜《ぼくちく》に比《くら》べると、心理的にもはるかに満足感が少ないからです。都市化、工業化は、いまや経済的な問題ともなっています。オートメ化、コンピューター化が進んで、人間の労力を主体とする筋肉労働《きんにくろうどう》や事務作業《じむさぎょう》が余分《よぶん》な存在《そんざい》になりつつあるからです。

高度に都市化の進んだ地域《ちいき》においては、都市人口を農村に復帰《ふっき》させることが必要となるでしょう。これは骨《ほね》の折れる作業になるはずです。なぜなら、この二百年間というもの、都会の住民たちは、都市生活を幸せに営《いとな》む方法や手段《しゅだん》を見いだすことこそなかったものの、それでも都市での生活には慣《な》れきってしまったからです。もしも、失業した元工業労働者たちが、都市のスラムから農村のスラムへと追いやられ、そこでもなお職《しょく》が得《え》られないとしたら、彼らはさらに困窮《こんきゅう》し、不満をつのらすことでしょう。したがって、都市の労働力に余剰《よじょう》が生《しょう》じ始めるちょうどその時期に、もし農村がより多数の労働者を必要とするようになれば、それこそ願ってもない幸いとなるわけです。

しかし、そうはいっても、いわゆる先進諸国《せんしんしょこく》において人口の大多数を都市から農村に再移住《さいいじゅう》させることは、やはり困難《こんなん》な、苦痛《くつう》をともなう、しかも、長期にわたる作業となることでしょう。これらの諸国では、この脱工業化《だつこうぎょうか》という反革命《はんかくめい》が完成するまで、おそらく長い危機《きき》の期間を経《へ》なければならないでしょう。

ただ幸いなことには、そうした高度の工業化社会、都市化社会というものは、人類全体からみればまだほんの一部にすぎません。いまだ人類の大多数は、かつて新石器時代初期よりこのかた多数者の経済的《けいざいてき》、社会的制度《しゃかいてきせいど》となってきた、人力中心の農耕《のうこう》、牧畜《ぼくちく》によって支《ささ》えられる農村的な生活様式から、さほど遠くはかけ離《はな》れていないのです。したがって、このいわゆる〝後《こう》進的《しんてき》多数者〟にとっては、将来《しょうらい》、人類全体の到達《とうたつ》すべき安定的な〝世界国家〟に到達することは、〝先進的少数者〟の場合に比《くら》べて困難《こんなん》が少ないことでしょう。

このことは、各国の運命に劇的《げきてき》な逆転《ぎゃくてん》が起こることを示唆《しさ》しています。従来《じゅうらい》の先進諸国《せんしんしょこく》にあっては、長期にわたる逆境《ぎゃっきょう》をくぐらざるをえなくなるでしょう。逆《ぎゃく》に、従来の発展途上国《はってんとじょうこく》は、より少ない苦痛《くつう》で、しかもより急速に、未来の〝世界安定国家〟へと到達《とうたつ》できることでしょう。

［池田］　非常《ひじょう》に興味深《きょうみぶか》いご指摘《してき》です。先進国が発展途上国《はってんとじょうこく》になり、発展途上国がかえって先進国になる可能性《かのうせい》もあるということですね。そこで思うのですが、いまアメリカや西欧《せいおう》の青年た

ちのなかに、日本の禅《ぜん》やインドのヨガなどを学ぶ人々が出てきています。彼らにしてみれば、一般的《いっぱんてき》に後進性《こうしんせい》の象徴《しょうちょう》と考えられてきたことや、そうした国々が、じつは最《もっと》も時代の先端《せんたん》を行《い》くものを秘《ひ》めているのだという意識《いしき》があるのだと思います。

しかし、まだ現実《げんじつ》の生活、先進国《せんしんこく》社会の一般《いっぱん》市民《しみん》の日常生活《にちじょうせいかつ》から遊離《ゆうり》した、そのような特殊《とくしゅ》文化《ぶんか》が対象であるかぎりは、文明全体の転換《てんかん》をもたらすものとはなりえません。生産活動や市民生活に直接《ちょくせつ》かかわる問題について、アジアやアフリカに残っている古くからの人間の知恵《ちえ》が着目《ちゃくもく》され、学び取ろうとされたとき、それこそ人類の歴史を大きく転換《てんかん》するものとなるのではないでしょうか。

（『池田大作全集』第3巻所収）

＊The Toynbee-Ikeda Dialogue by Kodansha International Limited and Choose Life by Oxford University press

『闇《やみ》は暁《あかつき》を求めて』

フランス　美術史家
ルネ・ユイグ
池田大作
（1981年　日本語版発刊）

消費文明〈第1部／第1章「物質的危機《ぶっしつてききき》」〉（抜粋）

農業・食糧問題は人類的課題

（〝1951年から1988年までの間、農業生産は34％増加《ぞうか》したが、そのために窒素肥料《ちっそひりょう》を36％、殺虫剤《さっちゅうざい》を300％増投入《ぞうとうにゅう》という代価《だいか》を支払《しはら》った。その結果、薬剤《やくざい》に抵抗力《ていこうりょく》を強めた有害な昆虫《こんちゅう》が増《ふ》え、その数は250種に上《のぼ》るといわれている〟とのユイグ氏の発言に対して）

［池田］　破壊《はかい》されているのは大地だけでなく海も同じです。私の育った家庭は「海苔《のり》」を採取《さいしゅ》していました。農業ではありませんが、第一次産業と呼《よ》ばれるものに従事《じゅうじ》していたわけです。場所は東京湾《わん》の一角《いっかく》でしたが、私が子供のころは、まだ生業《せいぎょう》として十分に成り立っていたので

す。しかし、現在は見るかげもありません。

日本では明らかに第一次産業は後退《こうたい》しています。狭《せま》い国土を有効《ゆうこう》に使うためには、第二次産業で利益《りえき》を得《え》、それで農産物を「買う」ほうが有利だからでしょう。また第二次産業が第一次産業より優位《ゆうい》に立つべきだという考えがそれに加わっているかもしれません。もしそうだとしたら、これは人類の未来にとって危険《きけん》なことです。

いうまでもなく、(=世界の)人口は等比級数的《とうひきゅうすうてき》に増加《ぞうか》しています。それはもはやかつての漸増的《ぜんぞうてき》なものではなく、爆発《ばくはつ》という名がふさわしいほどです。それにくらべて、農産物は技術《ぎじゅつ》改良《かいりょう》をしても、遅々《ちち》とした歩《あゆ》みでしか増《ふ》えていないようです。これらの行きつくところに生《しょう》ずる破綻《はたん》は明らかです。

生態学的《せいたいがくてき》に考えても、一つの種《しゅ》のみが増《ふ》えるということは、非常《ひじょう》に危険《きけん》なことです。その種を養《やしな》う環境《かんきょう》が十分にととのわないのに増加《ぞうか》する種は、かならず破局《はきょく》におちいります。草を食べて生きている動物が繁殖《はんしょく》し、食べるものがなくなって、草の根まで食べつくし、その結果、その動物も植物もともに絶滅《ぜつめつ》するという幾多《いくた》の悲惨《ひさん》な例を、けっしてわれわれと関係のない図式《ずしき》だと考えてはならないと思うのです。やがては世界的な飢餓《きが》が人類を襲《おそ》い、共倒《ともだお》れになるか、陰惨《いんさん》な殺戮《さつりく》が行《おこな》われるという予測《よそく》を、いったいだれが否定《ひてい》できるでしょうか。否《いな》、すでに世界的な飢餓が人類をおおっていることを知らなければなりません。

すでに、現代において人類の食生活はまったく悲惨《ひさん》な状態《じょうたい》にあります。まず第一にあげられるのは食糧《しょくりょう》の絶対量《ぜったいりょう》の不足《ふそく》です。食糧がありあまっているのは一部の先進国だけで、開発途上《かいはつとじょう》国《こく》の多くでは——農業技術《ぎじゅつ》が人口の急増《きゅうぞう》に追いつくことはまったく悲観的《ひかんてき》なことです。しかも先進国では、多くの人びとが栄養過多《えいようかた》におちいり、その結果、成人病《せいじんびょう》が死因《しいん》の上位《じょうい》を占《し》めているという事実と飢餓線上《きがせんじょう》にあえぐ民族が世界の各地にいるという事実が同居《どうきょ》しているというアンバランスが、その悲劇的状況《ひげきてきじょうきょう》に拍車《はくしゃ》をかけています。

さらに、日本が最《もっと》も悪い例でしょうが、食糧《しょくりょう》を自給自足《じきゅうじそく》する責任《せきにん》を自《みずか》ら放棄《ほうき》し、工業等に重点をおいて、金さえあればそれを得《え》られるという考え方から、貧困《ひんこん》な国からも食糧を買い取っています。これら貧困な国では、食糧は実際《じっさい》は十分ではなく、多くの人びとがこの犠牲《ぎせい》になっています。これも食糧問題に関して先進工業国の犯《おか》している背徳《はいとく》の一つでしょう。

事実、日本においては、全体的には他国に依存《いぞん》している部分が多いのですが、それでもコメに関しては恒常的《こうじょうてき》な生産過剰《せいさんかじょう》になっています。そのため減反政策《げんたんせいさく》などという珍妙《ちんみょう》な政策もとられているのです。この地にコムギをつくることもできるのですが、コメに対する保護《ほご》政策がコムギにおいてはなされないために、コムギがつくられないということもあります。こうした政《せい》治《じ》と結《むす》びついて生じているアンバランスも具体的な問題として是正《ぜせい》されなければならないでしょう。

さらにあげられることとして、あなたがいわれた、農業の人工化があります。実際《じっさい》、われわれが食べているものがどのようなものかを知るならば、少なからぬ戦慄《せんりつ》をおぼえます。狭《せま》い農地から効率《こうりつ》よく農作物をつくりだすには、どうしても人工肥料《じんこうひりょう》と農薬が必要になってくる。その農薬が人体にどのような影響《えいきょう》を与《あた》えるかが十分に検証《けんしょう》されないまま、さしせまった食糧事情《しょくりょうじじょう》や労働《ろうどう》事情のために、公然と使用されることも少なくありません。これは農業にかぎらず、畜《ちく》産《さん》、漁業等においても同様です。ブタなどは、運動をさせずに、人工の飼料《しりょう》を与えつづける。しかもそれをブタが受け入れられるように消化《しょうか》吸収剤《きゅうしゅうざい》も同時に与えているのです。そしてブタは短時間のうちに太《ふと》らされるわけです。そこで得《え》られる肉は、脂肪分《しぼうぶん》の多い、さらに人体に有害な成分を多く含《ふく》んだものとなってしまうのです。

海洋汚染《かいようおせん》もとどまるところをしらず、汚染された魚介類《ぎょかいるい》が、十分な検査《けんさ》を経《へ》ずに市場へ出回っていることさえ、しばしばあるようです。しかも、乱獲《らんかく》ぎみで、多くの種《しゅ》が絶滅《ぜつめつ》の危機《きき》に追《お》い込《こ》まれているといわれます。このほか食品添加物《しょくひんてんかぶつ》、洗剤《せんざい》による公害等々、われわれの食生活の周《まわ》りは危険《きけん》に満《み》ちみちているようです。

人類は今まで、地球は大きく、海は広く、食糧《しょくりょう》は無尽蔵《むじんぞう》にあり、エネルギーに満《み》ちた環境《かんきょう》につつまれていると考えて生活してきましたが、もうそれは、幻想《げんそう》にすぎないことを知らなければなりません。農業の問題、否《いな》、食糧問題が、人類にとって最《もっと》もさしせまった課題として浮《う》かびあがってくるのは、今世紀中であると推論《すいろん》しても、けっして悲観主義的《ひかんしゅぎてき》であるとはいえないと思います。

食糧《しょくりょう》問題は、二つの側面から解決《かいけつ》の手をさしのべなければならないと私は考えます。一つは食糧自体の問題であり、もう一つは食べる側《がわ》、すなわち人間の問題です。

食糧《しょくりょう》自体の問題についても課題は山積《さんせき》しています。耕地面積《こうちめんせき》の拡大《かくだい》は、世界的にみれば、まだ可能《かのう》でしょう。化学的・工業的方法によらないで農産物を増収《ぞうしゅう》することも真剣《しんけん》に考えられるべきであり、それもなんらかの方法で可能でしょう。しかし、それにしてもやはり、限界《げんかい》があることも事実です。そこで、もとより根本的な解決《かいけつ》ではありませんが、食生活そのものに対する考え方を検討《けんとう》するのも大事なことではないかと考えます。それは肉食に対する検討です。肉食を多くすると、どうしても多くの農産物を必要とします。農産物をウシやウマが食べ、それを人間が食べるのですからムダがあるのは明らかです。

事実、植物を摂取《せっしゅ》して得《え》られるエネルギーを肉食でとろうとすると、その十倍の植物を必要とするといわれます。したがって、植物を主体とした食生活に転換《てんかん》していけば、単純計算《たんじゅんけいさん》のうえでは、同じ面積の土地で十倍の人口を養《やしな》えることになるわけです。もちろん人びとの食生活を一挙《いっきょ》に転換することは不可能《ふかのう》でしょうし、動物性蛋白《どうぶつせいたんぱく》をどう補《おぎな》い摂取するのかという問題もあるでしょうが、こうした根本的な検討《けんとう》もなされるべき時代に入《はい》っているのではないかと思うのです。まして肉食過多《にくしょくかた》が成人病《せいじんびょう》の要因《よういん》になっているとしたら、植物主体に食生活を転換していくことは、二重の利益《りえき》があることになるわけです。仏教《ぶっきょう》の一部においては肉食を、とくに修《しゅ》行者《ぎょうしゃ》において禁《きん》じていますが、それは生命を慈《いつく》しむ精神《せいしん》から出たものであると同時に、人類の生《い》き延《の》びる道をはるかに指《さ》し示《しめ》していたのかもしれません。

第二の問題として、食べる側《がわ》、すなわち人口の増加《ぞうか》を抑《おさ》えるという課題があります。いくら食糧生産《しょくりょうせいさん》を改善《かいぜん》したとしても、人口が爆発的《ばくはつてき》に増大しつづけているかぎり、根本的な解決《かいけつ》にならないのは明らかなことですから、農業問題、食糧問題は、根本的にはこの人口抑制《よくせい》という課題にまでいたると私は思うのです。最初の問題提起《ていき》からずいぶん飛躍《ひやく》しているかもしれません

対談は1974年4月から始まり、1980年9月にフランス語版が発刊された。日本語版「闇は暁を求めて」が出版されたのは1981年10月。持続的な漁業への展望を語り合った先見の光は、時を経るごとに輝きを増す（1987年5月、フランス・ビエーブルで）

が、文明に対する基本的《きほんてき》な考えがそこに入《はい》らないかぎり「ほころびをつくろう」やり方では、いつまでも解決はないのではないでしょうか。

（中略）

増加《ぞうか》しすぎた種《しゅ》は、絶滅《ぜつめつ》への道をたどるものです。人類がその道を歩《あゆ》みたくないと望《のぞ》むならば、自《みずか》らの手で、増加を抑《おさ》える以外にないのではないでしょうか。人類は長いあいだ、人口の増大と、自然の征服《せいふく》による物質的豊《ぶっしつてきゆた》かさを〝進歩〟と考え、こうした〝進歩〟を理想としてきました。しかし、こうした進歩発展《はってん》はかならず行き詰《づ》まりにおちいる思想であることに、そろそろ気づくべき時にきているのではないでしょうか。征服的《せいふくてき》な進歩でなく、万物《ばんぶつ》との平和的な調和《ちょうわ》こそ美徳《びとく》であり、生産・消費でなく、循環《じゅんかん》こそ文明のあるべき姿《すがた》であると思うのです。

仏教思想《ぶっきょうしそう》をはじめとする東洋思想とともに生きてきたアジアの民族は、ときには物質的《ぶっしつてき》な栄華《えいが》を誇《ほこ》りとした時代もありましたが、今は西洋の科学、技術《ぎじゅつ》の威力《いりょく》の後塵《こうじん》を拝《はい》しているようです。工業化の発達した先進諸国《せんしんしょこく》からみれば、科学技術文明を容易《ようい》に取り入れようとしない人びとの生活は貧《まず》しく悲惨《ひさん》にみえます。しかし、彼らにしてみれば、それがいったいなになるのか、と考えているかもしれません。彼らは、自然の許《ゆる》すままの恵《めぐ》みに頼《たよ》っていく生き方がほんとうで、たとえ細々とした貧《まず》しい生活であったとしても、それが人間の正しいあり方だと考えているのかもしれないのです。もとより、貧しく、飢《う》えにさいなまれている状態《じょうたい》が望《のぞ》ましいというわけではありません。しかし、自然と、また地球と「うまくやっていく」ためには、人類は少しは自《みずか》らの欲望《よくぼう》を制御《せいぎょ》しなければならないのではないでしょうか。便利さ、つまり暮《く》らしやすさは人口の増加《ぞうか》をもたらし、生《せい》のゆえに人類の絶滅《ぜつめつ》をもたらすであろうからです。

少なくとも、農業が、自然の恵《めぐ》みと人間の手足以外の、工業的・化学的手段《かがくてきしゅだん》をもって支《ささ》えられているあり方は、絶対《ぜったい》に望《のぞ》ましいものではありません。そういう手段を使わないで、自然の要素《ようそ》を活用してできうるかぎりの農産物の増加《ぞうか》を図《はか》り、他方、人口の抑制《よくせい》を図るところに解決《かいけつ》の糸口を求《もと》めていくべきであると私はいいたいのです。

そのための基本的《きほんてき》な思想として、いまや人類は調和《ちょうわ》と安定の時代に入《はい》った、否《いな》、入らなければならないという考え方に立つべきだと私は考えています。

（『池田大作全集』第5巻所収）

自然条件《しぜんじょうけん》〈第2部／第4章「新しい文明に直面した日本とフランス」〉（抜粋）

狩猟的《しゅりょうてき》な漁業から農業的な漁業へ

（〝農民の国だけでなく、漁民の国も本来の良さが失われている。現代の文明は、日本においても、生きていく上での本質的《ほんしつてき》な条件《じょうけん》を混乱《こんらん》に陥《おとしい》れている〟とのユイグ氏の発言を受けて）

［池田］　漁業は日本人にとって、動物性蛋白《どうぶつせいたんぱく》を供給《きょうきゅう》してくれる重要な産業となってきました。しかし、アメリカ、ソ連等の領海《りょうかい》二百カイリ宣言《せんげん》によって、日本の遠洋漁業は深刻《しんこく》な危機《きき》に直面しています。

この問題の背景《はいけい》には、日本の漁法が、魚族《ぎょぞく》の生存《せいぞん》を脅《おびや》かす、根こそぎ的なやり方であったことなどもからんでおり、日本人として反省すべき点も、もとよりあります。だが、それ以上に、大局的《たいきょくてき》に考えるならば、海洋もまた、原始的な狩猟時代《しゅりょうじだい》から農業時代へ進まざるをえなくなってきていることを示《しめ》すものと思います。すなわち、自然に生息《せいそく》している魚類をただ捕獲《ほかく》するだけという段階《だんかい》から脱《だっ》して、養殖《ようしょく》しながら収穫《しゅうかく》を確保《かくほ》する段階に移《うつ》るべきであると考えるのです。

日本人は、マス、ウナギなど、いくつかの種類の魚類《ぎょるい》の養殖化《ようしょくか》に成功し、それらは、国内の各地で、かなり大規模《だいきぼ》に企業化《きぎょうか》されています。しかし、いずれも池や湖などを利用した淡水魚《たんすいぎょ》で、その食生活に占《し》める比率《ひりつ》は、まだ小さなものでしかありません。大部分の魚は海洋産で、オホーツク海や南太平洋、インド洋など、遠洋漁業に依存《いそん》しているのです。海における養殖《ようしょく》で成功しているのは、食料にするものでは、ホタテガイなどです。

日本は四方《しほう》を海に囲《かこ》まれ、しかも北極海方面からの寒流《かんりゅう》と、南方からの暖流《だんりゅう》がぶつかるところに位置しているため、もともと魚介類《ぎょかいるい》は豊富《ほうふ》だったのですが、近代化とともに、漁業もますます能率化《のうりつか》し、乱獲《らんかく》におちいってしまいました。これが近海漁業を不振《ふしん》にしてしまった原因《げんいん》と考えられています。

かつては日本各地の沿海《えんかい》でとれた魚やエビによる名物料理が、今は、その材料を遠くアフリカ沿海《えんかい》でとれたものに頼《たよ》っているなどと聞くと、悲しい気分にさえなります。そして、名前だけは、昔ながらの、日本のその土地の〝名物〟と銘打《めいう》たれているのです。

オホーツク海の北洋漁業に関しては、毎年、ソ連とのあいだで漁獲量《ぎょかくりょう》の申し合わせが行《おこな》われており、資源《しげん》の枯渇《こかつ》を心配するソ連側の厳《きび》しい制限《せいげん》と、少しでも多く確保《かくほ》しようとする日本側との調整が焦点《しょうてん》になります。私は、ソ連側の主張《しゅちょう》に全面的に賛成《さんせい》するわけではありませんが、自国を大事に思うゆえにこそ、取《と》り過《す》ぎということについては、日本人としても考えるべきではないかと思ってきました。

それも、二百カイリ問題が現実化《げんじつか》してからは、一段《いちだん》と日本側《がわ》にとって厳《きび》しくなり、これまで北洋漁業に出ていた漁港では、出漁できない船があふれ、漁業関係者は深刻《しんこく》な事態《じたい》に悩《なや》んでいます。しかも、これは、北洋漁業の問題にとどまらず、世界各地で起こりうることであり、そして、そのいくつかはすでに起こっている問題なのです。

これは、庶民《しょみん》の生活に直接《ちょくせつ》、影響《えいきょう》してきています。かつては、魚は日本の庶民の食生活にとって欠《か》かせない蛋白源《たんぱくげん》でした。ところがそうした庶民的で安価《あんか》だった魚が、いずれも今ではきわめて高価になって、日々の食卓《しょくたく》から遠いものとなってしまいました。これには、複雑《ふくざつ》な流通《りゅうつう》機構《きこう》があいだに入《はい》っていることが、輪《わ》をかけています。しかし、この流通機構の問題は、別の項目《こうもく》に属《ぞく》しますので、ここではふれません。

魚類《ぎょるい》は、健康上からも蛋白源《たんぱくげん》として、非常《ひじょう》にすぐれており、最近の日本人の成人病《せいじんびょう》の増加《ぞうか》は、その食生活の変化と関係があると指摘《してき》する学者さえいます。つまり、魚の比率《ひりつ》が減《へ》って、ウシやブタの肉に頼《たよ》るようになったため、コレステロールが増《ふ》え、高血圧症《こうけつあつしょう》などの成人病《せいじんびょう》が増えているというのです。

もし、これが真実であるとしたなら、そして、それが広く認《みと》められたならば、魚類《ぎょるい》の需要《じゅよう》は世界的に高まり、漁業への期待はいっそう大きくなるでしょう。

そこで問題は、今の狩猟時代的《しゅりょうじだいてき》な海洋漁業を、どのようにして、農業時代的な漁業へと移行《いこう》させるか、です。海洋の魚たちの多くは、稚魚《ちぎょ》から成魚《せいぎょ》になるまで、広大な大洋を海流にのって、回遊《かいゆう》しながら過《す》ごします。しかも、プランクトンから大形魚《おおがたぎょ》にいたる食物連鎖《しょくもつれんさ》の体系《たいけい》は複《ふく》雑《ざつ》であり、その行動の習性《しゅうせい》など細《こま》かい点になると、知られていないことがあまりにも多いようです。

私は、そうした研究のためにも国際的《こくさいてき》な協力がどうしても必要であると思いますし、いわんや、養殖化《ようしょくか》に成功してのちも、管理、運営《うんえい》には、世界的な協力関係が不可欠《ふかけつ》であると考えます。

(『池田大作全集』第5巻所収)

『「緑の革命」と「心の革命」』

インド　農学者
M・S・スワミナサン
池田大作
（2006年　発刊）

第3章「農業ルネサンス」への挑戦（抜粋）

「米」は人間・文化・社会の象徴

［**池田**］　本年（二〇〇四年）は、国連が定めた「国際コメ年」です。世界の約半数の人々が主食とする米は、優《すぐ》れた栄養価とバランス、そして生産性の高さから、人類の食糧《しょくりょう》問題の解決に大きな役割を果たすと期待されています。

米は、「一粒万倍《いちりゅうまんばい》」ともいわれ、一粒《ひとつぶ》の種籾《たねもみ》から、二千～三千粒を実らせます。これほど生産性の高い作物は、ほかにありません。

近年、日本でも、健康や美容の面から、伝統的な「ごはん」の良さが見直されているほか、水田が森林や環境の保全に果たす役割など、さまざまな点で注目されています。

［**スワミナサン**］　インドでも、米は大多数の人々の主食になっています。ふだんは小麦を食べる人たちも、同時に米を食べています。米を主食とする地域は、広範囲《こうはんい》にわたっていて、とくに顕著《けんちょ》なのが山岳《さんがく》地域や北東地域です。

日本やネパール同様、インドでも米は宗教儀式に結び付いた穀物《こくもつ》です。たとえば、故人を追憶《ついおく》する場合など、宗教儀式の供物《くもつ》には、米以外の穀物を捧《ささ》げることはありません。米は、まさに神々の食物なのです。また、子どもが生まれると、最初に食べさせる固形物は米です。小麦よりも消化しやすいという利点もあります。

南インドでは、米を「イドリ」と呼ばれる蒸《む》しパンにして食べます。この食べ物は、病気のときに食べると、とても身体《からだ》に良いとされています。今では、北インドでも、好んで食べられるようになりました。

［**池田**］　釈尊《しゃくそん》の誕生したルンビニ（現在はネパール領）の地にも、当時、すでに田園が広がっていたようですね。

［**スワミナサン**］　おっしゃるとおり、米穀《べいこく》はすでに釈尊《しゃくそん》の時代から重要な作物でした。インドでは、米と一緒に料理されるものに、いくつかの種類の「ダル（豆類）」があります。これらの豆類を混ぜ合わせることで、タンパク質のバランスが良くなるのです。

豆類を米と一緒に「薄《うす》がゆ」のように調理する「キチディ」というものがありますが、これは釈尊の時代にも、一般的な食べ物でした。

［**池田**］　日本でも、米は古来より、大変に貴重な食物とされてきました。

私どもが信奉《しんぽう》する日蓮大聖人は、お米を供養《くよう》した信徒に対し、「あなたの心がこもったこの白米は、ただの白米ではありません。あなたの一番大切な命そのものと受け止めております」(御書一五九七ページ、趣意)と、深い感謝の言葉を贈《おく》られています。

国連の「国際コメ年」のテーマは、「コメは命(Rice is Life)」ですが、アジアの民衆にとって、まさに米は、人間の生命、さらには文化と社会を養《やしな》い育《はぐく》む、豊かな滋養《じよう》の象徴《しょうちょう》であるといえます。

[スワミナサン] そうですね。人間と食物の関係は、単に生命を維持《いじ》するだけのものではなく、文化を支え、自然への畏敬《いけい》の念を支えるものなのです。食物は、人間を謙虚《けんきょ》にします。私たちは、この「自然」と「農業」と「文化」の三角関係をさらに強化しなければならないと、強く信じています。

「食糧の安全保障」は世界平和の最重要課題

[池田] まったくそのとおりです。

日蓮大聖人は「王は民を親のように思って大切にし、仕《つか》えていくべきである。民は食物を天のごとく尊重していくべきである」(御書一五五四ページ、趣意)と教えています。この言葉は、封《ほう》建《けん》時代にあって、まことに革新的でした。現代にあっても、この方程式は変わりません。

私が、創価学会の第三代会長に就任して以来、ずっと真剣に祈り続けてきたことがあります。

それは、「豊作であるように」「地震がないように」ということでした。

民衆が苦しみ、不幸となる社会に、真の平和も発展もありません。それは、一国のみならず、地球全体についても言えることです。

なかでも食糧《しょくりょう》の問題は、世界の平和にとって、また「人間の安全保障」にとって最重要の課題です。歴史を振《ふ》り返ってみても、多くの紛争《ふんそう》や革命は、飢《う》えが原因となって引き起こされてきたものです。

インドのネルー首相も、フランス革命をはじめ革命の背景にあったものは、「飢えてからっぽになった（＝民衆の）胃袋」（『父が子に語る世界歴史』3、大山聰訳、みすず書房）であると語っています。

「スワミナサン」 私も、「食糧《しょくりょう》の安全保障」なくしては、世界の平和も安全保障もあり得ないと思っています。

古代ローマの哲学者セネカは、「飢えたる者は、道理にも宗教にも耳を傾《かたむ》けず、いかなる祈りにも従わない」と述べました。

飢餓《きが》とは、貧困が極端《きょくたん》な形であらわれたものです。飢えた人は、明日の食べ物ではなく、今日の食べ物を求めています。現在、アフリカの多くの国々で起こっている事態、つまり民族紛《ふん》争《そう》も、詰《つ》まるところは食糧《しょくりょう》と水をめぐる争《あらそ》いなのです。今日《こんにち》では、水も非常に大きな紛争の要因となっています。

もう一つ私が思うのは、飢《う》えた人は思考力《しこうりょく》を失うということです。何を決めるにしても、暴力的な決断が多くなります。
さらに人は、自分が空腹のときに多くの人が腹《はら》いっぱい食べている様子を見ると、強い差別感をもち、社会的疎外感《そがいかん》を抱《いだ》くものです。人は疎外感を抱くと暴力的になります。これは数多くの動物の研究からも明らかです。

［池田］「転輪聖王修行経《てんりんじょうおうしゅぎょうきょう》」という経典にも、そうした社会の混乱と衰退《すいたい》のプロセスが、見事に描《えが》かれています。

――ある王のもとで、政治がうまくいかず、争いが起こるようになると、人々の生活力は衰《おとろ》えて、貧窮《ひんきゅう》や飢餓《きが》が起こり、やがて泥棒《どろぼう》が横行《おうこう》するようになった。王は、飢餓をなくすために、国庫を開き、食べ物や財産を放出したが、もはや時遅《ときおそ》く、人々はいっそう盗《ぬす》みを重ね、暴力、殺害が起こり、ついには人々の寿命《じゅみょう》まで短くなってしまった――。

この経典には、政治の争いや過《あやま》ちが、貧困や飢餓《きが》を引き起こし、やがては社会を混迷させていく様子が示されています。

天災や人災など、さまざまな要因があげられるでしょうが、いずれにせよ飢餓《きが》の問題は社会の安定と秩序《ちつじょ》を根底から揺《ゆ》るがすものです。それは、国際社会においても同じです。

［スワミナサン］　そのとおりですね。人は、衣類がなくても生きられますが、食べ物がなければ生きていけません。人間にとっての最低限の物が満たされないかぎり、世界には不正と不公平が充満し、平和や善意を生み出す環境とはならないのです。飢餓《きが》が存在するところで、平和を勝ち取ることなどできないのです。

［池田］　同感です。指導者の責任は重大です。

仏典には、有名な「金色王《こんじきおう》」の故事が説かれています。（『金色王経』）
――釈尊の過去世の一つの姿である金色王は、大干《だいかん》ばつに苦しむ民衆のために、すべての食物を分け尽くし、金色王の最後の一食も、食料を求める仙人に分け与えます。

「この善根により、一切衆生《しゅじょう》が今世も来世も永久に貧窮《ひんきゅう》から断ち切られますように！」

こう訴えると、仙人は天に飛び去っていきます。

しばらくすると、天から豆や米などの食料が降ってきたのです。そして、万民を蘇生《そせい》させた――。

民衆の幸福のために、わが身をなげうって尽くしゆく、指導者のあるべき姿がここには説かれています。

［スワミナサン］　興味深いお話です。もし人類が、早急に飢餓《きが》を根絶できなければ、世界にはもう一度、深刻な食糧《しょくりょう》危機が起こるでしょう。

今日の世界においては、かつて釈尊が苦闘《くとう》した、あの人間精神に内在する暴力性が、しだいに拡大しつつあります。これは、由々《ゆゆ》しき事態です。私たちは、それと戦わねばなりません。そして、その戦いへの最善の方途《ほうと》が、「食糧《しょくりょう》をすべての人に永続的に提供《ていきょう》する」ということです。

［池田］　ゆえに今こそ、人間の原点である「農業」のルネサンス（復興）が必要です。「緑の革命」、さらに「永続的な緑の革命」をリードしてこられた博士の経験と知恵《ちえ》、そして先見性

に、皆が真摯《しんし》に学ばねばならないと思っています。

　博士の農業科学者としての〝原点〟は、三百万人もの犠牲者《ぎせいしゃ》を出した一九四三年のベンガル大飢饉《だいききん》でした。博士が、のちに「緑の革命」と呼ばれる米や小麦の増産のための研究に従事されるようになったきっかけは、なんでしょうか。

［スワミナサン］　そうですね、主な動機《どうき》は、インドにおける穀類《こくるい》の収穫高《しゅうかくだか》が低かったことにあります。

　一九五四年、インドでの食糧《しょくりょう》事情の改善のためにアメリカから帰国し、ただちに就いた仕事は、オリッサ州カッタックの「中央稲作《いなさく》研究所」（ＣＲＲＩ）での研究でした。

　それは「日本型米《まい》（ジャポニカ米）とインド型米（インディカ米）の交配計画」と呼ばれる事業でした。当時、日本で栽培《さいばい》されていたジャポニカ米は、すでに一ヘクタール当たり五トンから六トンの収穫高《しゅうかくだか》を得ていました。これに対してインドでは、わずか一トンだったのです。

　私たちが考えたのは、この両種を交配して遺伝形質を変えれば、ジャポニカ米のもつ養分吸収の度合いが取り入れられ、多くの肥料《ひりょう》を与えることで、より多くの穀粒《こくりゅう》が得られるのではないか、ということでした。つまり「高収穫性《こうしゅうかくせい》」と「対肥料反応性」をもつ遺伝子を、ジャポニカ米からインディカ米へ移転させようとしたのです。

　このうちの一つから、タミル・ナドゥ州で「ＡＤＴ二十七号」という変種が生まれました。この新しい品種は、その地方の在来品種より、はるかに高い収穫量《しゅうかくりょう》をもたらしました。インドにおける「緑の革命」の種は、このようにして蒔かれたのです。

対談は、2002年に始まり、06年、対談集「『緑の革命』と『心の革命』」が発刊された。同書では、人間の原点である「農業」のルネサンス（復興）の必要性が大きなテーマとして語られている（2002年10月、聖教新聞本社で）

すばらしき模範は変革への大きな突破口に

［**池田**］　博士は、米とともに、小麦の開発にも取り組まれましたね。

［**スワミナサン**］　ええ。その後、ニューデリーの「インド農業研究所」（ＩＡＲＩ）へ移り、新たな計画をスタートさせました。そこでの課題は、いかにして小麦の収穫量《しゅうかくりょう》を増やすかでした。

私は、さまざまな方法を試みました。小麦の遺伝子に放射線を当てて、「矮性突然変異種《わいせいとつぜんへんいしゅ》」をつくりだそうともしました。

また、インドには、古代のモヘンジョ・ダロ時代から伝わる矮性《わいせい》小麦や、「トムサム」（親指トム）という名のケニア産の品種もありました。そこで私は、あらゆる方法で、インドの小麦の背丈を低くしようとしたのです。

［**池田**］　「矮性《わいせい》」——つまり背丈の低い小麦は、茎《くき》が伸びない分、台風などの風害にあっても倒れにくい。また、栄養が穂にまわり、高い収穫《しゅうかく》が得られると期待されたわけですね。

［**スワミナサン**］　そうです。ところが小麦の背丈を低くすると、穂までが小さくなってしまって、収穫量《しゅうかくりょう》がごくわずかになってしまったのです。そこで私たちは、メキシコにいたボーローグ博士（＝アメリカの農学者）を通じて受け取った、茎が短くて穂が大きい日本の「農林十号」の遺伝子の助けによって、新品種を開発したのです。

（中略）

私は、新品種を開発した後の一九六四年、一ヘクタール当たり十米ドルほどの資金援助《えんじょ》を申《しん》請《せい》して、新しい小麦の可能性に関する公開実験に取り組みました。

私は、この公開実験を、貧しい農民の畑で行いました。なぜかといえば、どんな公開実験も、金持ちの農家の畑でやれば、技術の成果ではなく、豊かな資金力のおかげだとされるからです。このため私たちは、貧しいながらも勤勉な農夫たちを選び出しました。そして彼らはその仕事を立派にやり遂げてくれました。

彼らの多くが、ふだんの生産量の二倍以上にあたる、一ヘクタール当たり五トンの収穫《しゅうかく》をあげたのです。事実、それは彼らの最高の収穫高でした。五トンもの収穫を、たやすく得られたことが、彼らの考えに一種の電撃的《でんげきてき》な効果を与えました。こうしてこの高収穫品種は、急速に広まっていったのです。

［池田］ 人々の驚《おどろ》きと喜びが、目に浮かぶようです。

ベンガル地方の農民とともに、農業の復興にも取り組んだ詩聖タゴールは語っています。「たとえ一村なりとも、インドの農民が村を自らの手で再建できれば、（＝インドは）問題解決に向かって、大きく一歩を踏み出したことになるだろう」（「自治への闘い」森本達雄訳、『タゴール著作集』8所収、第三文明社）と。

一つのすばらしい模範《もはん》があれば、それは変革への大きな突破口になる。しかも、それを貧しい農民の人たちと進められたことに、博士の深い哲学を感じます。

［スワミナサン］　恐縮《きょうしゅく》です。私たちは、一九六三年から六八年にかけて、五カ年計画を展開しました。

すべてが計画どおりに進み、六八年には、インドの農民は千七百万トンの小麦を収穫《しゅうかく》しました。それまでの最高の収穫量から五百万トンの増加という、大きな飛躍《ひやく》でした。

じつは、必ずしもそうなるとは限らなかったのです。元来、農業経営は大きな危険をともなうからです。農業は野外の耕地での営《いとな》みですから、いつも干《かん》ばつ・洪水《こうずい》・高温・低温・嵐《あらし》などの脅威に晒《さら》されています。にもかかわらず、すべてが私たちの願いどおりになりました。

インドではこれを「小麦革命」と名付け、インディラ・ガンジー首相が、一九六八年七月に特別の記念切手を発行したのです。

「農」への感謝は地球市民に不可欠な資質

［池田］　インドにおける「緑の革命」の勝利は、まさに名もない多くの庶民《しょみん》と博士の偉大《いだい》な努力の結晶《けっしょう》だったわけですね。

［スワミナサン］　「緑の革命」は、全員がそれぞれの役割を果たす一種の交響楽《シンフォニー》でした。その主体者は農業従事者です。日照りのなかを額に汗《あせ》して働く農家の男女が、食糧《しょくりょう》を生産しているのです。彼らこそ最も重要な役割を演じているのです。

私にできることは、ただ新種を開発して、その種子を渡すことだけです。私たちは、彼らの助力者にすぎません。

その次にくるのが、種子や肥料《ひりょう》など投入資本の生産者であり、また資金を提供《ていきょう》する融資《ゆうし》機関です。

これに続いて、第三の役割を果たすのが政治家であり、その仕事は確実な市場《しじょう》を保障し、最低の保障価格を維持《いじ》することです。

つまり、この交響楽団《こうきょうがくだん》の指揮者は科学者ではありますが、すべての人々が同じように重要なのです。

［池田］　非常に重要なお話です。

創価教育の創始者である牧口常三郎《つねさぶろう》初代会長は、今から一世紀前、大著『人生地理学』の冒頭で、こうつづっています。

〝幼《おさな》いわが子を包む綿の衣類を見ると、炎天《えんてん》のもと、流れ出る汗《あせ》をふきながら、綿花を栽培《さいばい》するインドの庶民《しょみん》が偲《しの》ばれてならない〟（『牧口常三郎全集』1、第三文明社）――。

場所や風土が違っても、農業の労苦と喜びに国境はありません。地球上のどこであれ、「農」に従事する方々への深い「感謝の心」をもつことは、「人間らしい社会」を築くうえで不可欠の要件であり、とくにこれからの時代、地球市民としての重要な資質となるのではないでしょうか。

農家の方々との交流のなかで、とくに印象に残ったエピソードなどはありますか。

［スワミナサン］　私たちが「小麦革命」を達成した時のことです。インディラ・ガンジー首

相は農民たちの畑を訪れ、彼らの農作物を見て大いに喜びました。

私が驚《おどろ》いたことには、このとき突然、農民たちが彼女に対して、自分たちを代表してこの私になんらかの栄誉賞《えいよしょう》を授与してほしいと願い出たのです。嬉《うれ》しいことに、彼らはそれまで何がしかのお金を貯《た》めておいてくれたのでした。これは私が受けた最高の賞であり、今でも大切にしています。なぜなら、それは農民からの贈《おく》り物《もの》だったからです。

［池田］　一幅《いっぷく》の名画の如《ごと》き光景です。崇高なドラマです。

［スワミナサン］　詰《つ》まるところ農業科学者にとっての幸せとは、農民たちの笑顔《えがお》、わけても農家の女性たちの笑顔に尽《つ》きるのです。彼女らこそが、家庭での子育てや暮らしのやりくりなど、あらゆる問題の矢面《やおもて》に立っているのですから。

［池田］　すばらしいお言葉です。博士にとって最も嬉《うれ》しい「農家の人々の笑顔」は、どのようなときに見られるでしょうか。

［スワミナサン］　彼らの最高の笑顔は、無事に作物を収穫《しゅうかく》して家に戻ったときでしょう。

農業とは、単に生活を支える職業ではありません。農民たちは、農業を通して、人生のさまざまな選択《せんたく》の幅《はば》を広げていきます。

たとえば、作物を売って収入を得ることで、子どもに教育を与えたり、娘を結婚させたり……そういう選択です。

ですから、農民たちの笑顔とは、農業がすばらしい人生に直結している証《あかし》であり、農業に失望していない証拠《しょうこ》です。

【池田】　よくわかります。

フランスの思想家ルソーは語りました。

「農業は人間のいちばん基本的な職業だ。それは人間がいとなみうる職業のなかでいちばんりっぱな、いちばん有用な、したがってまたいちばん高貴な職業だ」（『エミール』上、今野一雄訳、岩波文庫）

農業を大切にしない社会は、生命を粗末《そまつ》にする野蛮《やばん》な社会です。その社会は、早晩《そうばん》、あらゆる面で行き詰まる――これが私の持論です。

【スワミナサン】　農民が不幸な国は、どんな国民も幸福ではありません。農民の幸せな笑顔が、その国の幸福を決める。私はそう思っています。

「緑の革命」によって、インドは「ベッギング・バッグ」（物乞《ものご》いの袋＝援助要請《えんじょようせい》）から「ブレッド・バスケット」（パン篭《かご》＝穀倉地帯《こくそう》）へと宿命を転換《てんかん》したのです。これによって政府は、威厳《いげん》をもって外国との交渉《こうしょう》に臨《のぞ》むことができました。私は大きな満足を感じました。

「農」を考えることは人類の未来に通じる

【池田】　偉大《いだい》な勝利の歴史です。

この偉大な業績を評価されて、博士は「インド農業の可能性に新たな確信を生み出した」との賛辞《さんじ》とともに、アジアのノーベル賞といわれる「ラモン・マグサイサイ賞」を受賞されました。それも、異例の若さだったようですね。

［スワミナサン］ ええ。一般にこの賞は、年配者に授与されるものですが、私はまだまったくの若輩者《じゃくはいもの》でした。

「小麦革命」の成功によって、人々の思考や態度も変化しました。もし私が、行政官やマスメディア、政治家や農民、科学者たちの考え方を幾分《いくぶん》かでも変えるのに貢献《こうけん》できたのであれば、それはかつてマーチン・ルーサー・キングが言ったように、「私たちは必ず打ち勝つ」（ウィー・シャル・オーバーカム）の精神を実現できたということでしょう。

ただし、この精神は、勤勉と細心の計画と綿密な科学的方策によって達成されるものです。それとともに、私が強調したいのは、どんな事業にも、多くの場合、政治的な支援《しえん》が必要であるということです。

たとえば、もっと多くの肥料《ひりょう》や種子が必要だという場合、その入手は科学者にできることではなく、開発担当の行政官の仕事になります。その点、私たちの事業は、幸いにも、首相も農業大臣も十分な支援をしてくれました。科学者の技術と国の政策の共同作業ができたのです。

［池田］ 専門外ですが、かつて私も、一九七四年に開催《かいさい》された、第一回世界食糧《しょくりょう》会議に寄せて、「世界食糧銀行」の設立や、日本の食料自給率向上への提言《ていげん》などを行ったことがあります。農業の重要性は、いくら強調しても、しすぎることはありません。

「農」を考えることは、食糧《しょくりょう》問題のみならず、社会の「文化」や「伝統」、「生命の尊厳」や「環境問題」をはじめ、人類の未来のあり方を考えることに通じます。

指導者は、そうした総合的かつグローバルなビジョンをもって、「農」に関《かか》わる政策に真摯《しんし》に取り組んでいくべきです。

［スワミナサン］　一九六四年ごろ、Ｃ・スブラマニアム氏という大臣が私たちの事業に参画してきました。科学への志向がとても強い人で、最大限の支援をしてくれました。ある意味では、この人が適切な時点で参画してくれたことが、じつに幸運だったのです。

また、ネルー首相が亡《な》くなったあと、首相に就任したラル・バハドゥール・シャストリ氏は、「農民の勝利と戦士の勝利」というスローガンを掲《かか》げました。つまり、農民と戦士はインドの自由解放の二本柱である、というものでした。首相は、私たちの計画に深い関心を寄せ、全面的に支援してくれました。

後年、インディラ・ガンジー首相が就任してからは、彼女も絶大な支持をしてくれました。私が出会ったどんな政治家よりも、彼女は食糧《しょくりょう》の重要性をよく認識していました。

［池田］　インディラ・ガンジー首相といえば、一九八五年十一月、ご子息のラジブ・ガンジー首相とお会いしたことも懐《なつ》かしい思い出です。ラジブ氏は、来日時の演説で、慈悲《じひ》を根底とした政治の重要性を語り、こう強調しておられました。

「『慈悲』の精神こそ人類生存の必要条件であり、人類は心の壁《かべ》を取りはずし一つの家族として、平和と繁栄《はんえい》のうちに結びつかねばならない」

優《すぐ》れた科学技術も、この「慈悲」の精神がなければ、人間を搾取《さくしゅ》し破壊する危険な凶器《きょうき》に変わってしまいかねない。

人類の平和と発展のためには、「緑の革命」とともに、「心の革命」が不可欠であると訴《うった》えるのは、そうした理由からでもあります。

（『池田大作全集』第１４０巻所収）

第6章 スピーチ

伊豆流罪《いずるざい》に
船守弥三郎《ふなもりやさぶろう》の真心の外護《げご》

第5回 本部幹部会　1988・5・22（抜粋、『池田大作全集』第71巻所収）

五月というと、私には、日蓮大聖人の伊豆流罪《いずるざい》のことが思われてならない。大聖人が、幕府《ばくふ》の不当《ふとう》な弾圧《だんあつ》により、大罪人《だいざいにん》のごとく、相模《さがみ》の海を小舟《こぶね》で護送《ごそう》され、伊豆・川奈《かわな》の津《つ》に引《ひ》き降《お》ろされたのは、弘長《こうちょう》元年（一二六一年）の五月十二日のことである。聖寿《せいじゅ》四十歳の御時《おんとき》であった。

過日《かじつ》、私は五日間ほど、伊豆《いず》を訪《おとず》れ、この大聖人の法難《ほうなん》の事跡《じせき》をしのんだ。

長時間の船旅で、大聖人のお疲《つか》れも極限《きょくげん》に近かったにちがいない。その大聖人をお助けしたのが、川奈《かわな》の漁師《りょうし》・船守弥三郎《ふなもりやさぶろう》であったことは、皆《みな》さまもよくご存《ぞん》じのとおりである。

弥三郎夫妻《ふさい》は、以後一カ月あまり、大聖人をかくまい、厚《あつ》く外護《げご》を続けた。当時の伊豆《いず》の状《じょう》

況《きょう》について、大聖人は、次のように記《しる》されている。

「かかる地頭《じとう》・万民《ばんみん》・日蓮をにくみねたむ事《こと》・鎌倉《かまくら》よりもすぎ《過》たり、みる《見》ものは目をひき・きく《聞》人はあだむ《怨》」（御書一四四五ページ）

——この地の地頭《じとう》や万民《ばんみん》が日蓮を憎《にく》み、ねたむことは鎌倉《かまくら》よりも激《はげ》しい。日蓮を見る者は目くばせをし、日蓮の名を聞く人は怨《あだ》んでいる——と。

まさに伊豆《いず》の地は、憎悪《ぞうお》の嵐《あらし》のまっただなかにあったといってよい。そのなかを弥三郎《やさぶろう》夫妻《ふさい》は、みずからの危険《きけん》もかえりみず、大聖人をお守りした。

弥三郎《やさぶろう》は、特別な権勢《けんせい》や名声《めいせい》をもっていたわけではない。漁師《りょうし》であり、庶民《しょみん》である。しかし、その庶民の一人が、権力の弾圧《だんあつ》をも恐《おそ》れず、厳然《げんぜん》と御本仏《ごほんぶつ》を守護《しゅご》申《もう》し上《あ》げた。

佐渡流罪《さどるざい》のさいも、大聖人を外護《げご》し、勇気ある信心を貫《つらぬ》いたのは、無名《むめい》の人々であった。大《だい》難《なん》のたびに立ち上がり、不当《ふとう》な権力《けんりょく》と戦い、時に殉《じゅん》じていったのは、ほとんどが庶民《しょみん》であり、民衆《みんしゅう》であり、これが広宣流布《こうせんるふ》の歴史の原動力になっていたといえよう。

学会においても、主役はつねに民衆《みんしゅう》であった。そして、何よりも民衆の力《ちから》を重んじ、民衆を大切にしてきたがゆえに、今日《こんにち》の広布《こうふ》の隆盛《りゅうせい》が築《きず》かれたのである。

弥三郎《やさぶろう》の真心の外護《げご》に対し、大聖人は心から感謝《かんしゃ》され、その誠《まこと》を称讃《しょうさん》された。先ほどの御文《ごもん》に引き続き、次のように仰《おお》せである。

「ことに五月《さつき》のころ《頃》なれば米もとぼし《乏》かるらんに日蓮を内内《うちうち》にて・はぐくみ《育》給《たま》いしことは日蓮が父母の伊豆《いず》の伊東《いとう》かわな《川奈》と云《い》うところに生《うま》れかわり給《たま》うか」（同ページ）

――とくに五月のころなので、お米も乏《とぼ》しかったことでしょう。にもかかわらず、あなた方《がた》夫妻《ふさい》は、日蓮を内々に養《やしな》ってくださった。お二人は、日蓮の父母が伊豆《いず》の伊東《いとう》の川奈《かわな》というところに、生まれ変わられたのでしょうか――。

旧暦《きゅうれき》の五月といえば、ちょうど田植《たう》えの季節である。ましてや弥三郎《やさぶろう》は農夫ではなく漁師《りょうし》であった。伊豆地方《いずちほう》は、地形的に田畑も少なく、大聖人にめしあがっていただくお米を準備《じゅんび》するのに、ずいぶん苦労したにちがいない。そのために、弥三郎はふだんより多く漁《りょう》に出かけ、妻《つま》もお米の工面《くめん》にあちこち駆《か》けまわったのではあるまいか。

大聖人は、弥三郎夫妻《やさぶろうふさい》のそうした人知れぬ苦労を、すべてご存《ぞん》じであられた。ゆえに〝五月なので、お米も乏《とぼ》しかったでしょう。その一番、お米がないときに、お世話になってしまいました〟と、夫妻の労を、心からねぎらわれたのである。庶民《しょみん》の「真心」を、だれよりも敏感《びんかん》に、また心こまやかにくみとられ、最大の「真心」で応《こた》えられた。この一言が、夫妻の心に、どれほどしみわたったことか。

次元《じげん》は異《こと》なるが、いつの世も、民衆《みんしゅう》は、リーダーに対して確かな手応《てごた》えを求めている。ゆえに指導者は、人々の労苦や人情の機微《きび》がわかる人でなければならない。打てば響《ひび》くがごとく、鋭敏《えいびん》に、また丁寧《ていねい》に、一人一人の「心」に応《こた》え、行動していくべきである。

耕《たがや》す土地をほめれば その土地が栄える

京都記念幹部会　1989・10・18（抜粋、『池田大作全集』第73巻所収）

かつて大和《やまと》と呼《よ》ばれた奈良盆地《ならぼんち》一帯のことをうたった、次のような歌が『古事記《こじき》』に記《しる》されている。

大和《やまと》は　国のまほろば
たたなづく　青垣《あおがき》
山隠《やまごも》れる　大和しうるはし

——大和《やまと》は国中で、優《すぐ》れたよいところである。青垣《あおがき》がたたみ重《かさ》なって周囲をめぐる。山のうちにこもっている大和の美しいことよ——と。

大和《やまと》の地の景観《けいかん》の美しさをたたえた、有名な歌である。

この歌の作者と背景《はいけい》について、大阪《おおさか》の相愛大学教授で大阪市立大学名誉教授でもある直木孝次郎氏は、次のような見解《けんかい》を示《しめ》されている。同氏は日本古代史専攻《せんこう》で、東洋哲学研究所発行《はっこう》の『東洋学術研究』にも論文《ろんぶん》を寄稿《きこう》されたことがある。（直木孝次郎『奈良—古代史への旅』岩波新書。

以下、同書参照）
すなわち、この歌は、『古事記《こじき》』では、ヤマトタケル（倭建命《ヤマトタケルノミコト》）の作《さく》と伝えており、旅先で病《やまい》に伏《ふ》し、死を前にして遠い故郷《こきょう》をしのぶ英雄《えいゆう》の悲哀《ひあい》をただよわせている。が、『日本書紀《にほんしょき》』では、この歌は、帝都《ていと》である大和《やまと》の国をたたえて、ヤマトタケルの父にあたる景行天皇《けいこうてんのう》が詠《よ》んだお祝いの歌としている。

ではいったい、この歌を作ったのはだれなのか——。

直木氏によると、どちらが真の作者かと論議《ろんぎ》するよりも、むしろ、民間にうたわれていた歌を、のちに『古事記《こじき》』『日本書紀《にほんしょき》』にとり入れたものと考えたほうがよい、という。

たしかに、『万葉集《まんようしゅう》』などにも、「作者未詳《さくしゃみしょう》」「よみ人しらず」とされる歌がたくさん見られる。そのように、名もない人々の作品が、時を超《こ》えて、いかに多くの人々の心をとらえてきたことか。民衆《みんしゅう》のなかから生まれた言葉、感性《かんせい》——その土壌《どじょう》の豊《ゆた》かさには圧倒《あっとう》される思いがする。

さらに直木氏は、この歌がどのような意味で民衆《みんしゅう》にうたわれたかについて、国文学者の説をふまえ、次のように述《の》べている。

「春のはじめ、村人たちが郷土《きょうど》をみはらす山にのぼり、農耕《のうこう》をはじめるにあたって豊作《ほうさく》を祈《いの》り祝うための歌であろう。古代の農民は、土地をほめることによって、土地の繁栄《はんえい》つまり豊作《ほうさく》がもたらされると信じていた」（前掲『奈良―古代史への旅』）と。

みずからの耕《たがや》す土地をほめることによって、その土地が栄える——。

私には、仏法《ぶっぽう》で説《と》かれた「本有常住《ほんぬじょうじゅう》」「常寂光土《じょうじゃっこうど》」の法理が思い起こされる。また、私どもの信心の姿勢《しせい》についての深い示唆《しさ》があるように思えてならない。

「本有常住《ほんぬじょうじゅう》」の世界とは、三世《さんぜ》にわたってつねに存在《そんざい》し、壊《こわ》れざる世界をいう。

「常寂光土《じょうじゃっこうど》」とは、根本的には御本尊のましますところであり、妙法《みょうほう》を信受《しんじゅ》し、広布《こうふ》に励《はげ》む地涌《じゆ》の友の活動の場も、また「常寂光土」へと変えていける。

とかく人は、自分が住んでいる地域《ちいき》の良さが、なかなかわからないものだ。「こんな田舎《いなか》より都会のほうがいい」とか、「海外に行けば、もっといい暮《く》らしができるかもしれない」等々と思う。しかし、住む場所が人の幸・不幸を決めるのではない。また、いつも遠くにばかり思いを馳《は》せて、足元が見えないようでは、いつまでたっても幸福の実像《じつぞう》は結《むす》べない。

他の場所ではない。今、自分がいるところを「本有常住《ほんぬじょうじゅう》」の世界ととらえ、豊《ゆた》かで幸福に満ちた「常寂光土《じょうじゃっこうど》」のごとき地域《ちいき》をつくりあげていくことである。そこに、それぞれの地域で活躍《かつやく》する妙法《みょうほう》の友の使命がある。

わが地域《ちいき》を心から愛し誇《ほこ》りとしながら、地域に最大に貢献《こうけん》していこう――こう決めて前進していく人こそ、人生に確《たし》かな「幸福」と「広宣流布《こうせんるふ》」の歴史を築《きず》くことができる。そして地域に、多くの友と多くの福運《ふくうん》の花を咲《さ》かせゆくことができるにちがいない。

どうか皆《みな》さま方《がた》は、〝わが地域《ちいき》こそわが使命の舞台《ぶたい》〟との、すがすがしい決意で進んでいただきたい。

釈尊《しゃくそん》は一人の農夫を歓待《かんたい》する

第22回ＳＧＩ総会　１９９７・２・19（抜粋、『池田大作全集』第87巻所収）

釈尊《しゃくそん》が、弟子たちとともに、ガンジス川のほとりの町の人々から招《まね》かれたときのことである。その日、釈尊を囲《かこ》んで、皆《みな》で一緒《いっしょ》に食事をし、そして仏法《ぶっぽう》を語りあう会合が開かれた。

一人の農夫も、ぜひ釈尊《しゃくそん》の話を聞きに行こうと思い立つ。ところが、朝、出かけようとすると、飼《か》っていた牛が一頭、見当たらなくなってしまった。

農夫は一刻《いっこく》も早く会合に行きたかったが、大事な生活の糧《かて》である牛を探《さが》すことが先決《せんけつ》である。ようやく牛を見つけだして、群《む》れに戻《もど》すと、もう夕暮《ゆうぐ》れが迫《せま》っていた。

農夫は朝から何も口《くち》にせず、一日、歩き通しで、おなかがペコペコであったが、ともかく釈《しゃく》尊《そん》のもとへと急いだのである。会場に到着《とうちゃく》すると、すでに皆《みな》、食事を終え、まさに釈尊の説法が始まろうとするときであった。

しかし釈尊《しゃくそん》は、ようやく駆《か》けつけたその農夫の姿《すがた》を見ると、すべての事情《じじょう》を察《さっ》した。

彼が、どれだけ疲《つか》れているか。どれだけ、おなかをすかしているか。それにもかかわらず、どれだけ、けなげな求道の心で、ここにやってきたのか。鏡《かがみ》に映《うつ》しだすように、釈尊《しゃくそん》だけは、わかってくれた。

釈尊《しゃくそん》は主催者《しゅさいしゃ》に頼《たの》んで、まず農夫の席をもうけ、食事をさせてあげた。そして、彼が食事をすませ、一息《ひといき》つくのを待って、それから釈尊は法を説《と》き始めたのである。この農夫が、それこそ喜んで、また真剣《しんけん》に法を聞き、心から満足したことはいうまでもない。

まさしく、皆《みな》を満足させてあげるのが「仏《ほとけ》」である。

ところが、このとき、こうした釈尊《しゃくそん》の心づかいに対し、僧《そう》のなかには、眉《まゆ》をひそめ、文句《もんく》を言う者もいた。「たった一人の、しかも、みすぼらしい庶民《しょみん》のために、なぜ、そこまでするのか！」と。

しかし釈尊《しゃくそん》は、言いきった。「おなかがすいているときに説法をしても、理解《りかい》などできない。空腹《くうふく》ほど、つらいものはないのだから」と。

権威主義《けんいしゅぎ》でもなければ、組織《そしき》主義でもない。あたたかな人間《にんげん》主義である。こうした釈尊《しゃくそん》の、そして日蓮大聖人の慈愛《じあい》が、何ひとつわかっていないのが宗門《しゅうもん》であると、多くの人が憤慨《ふんがい》している。

釈尊《しゃくそん》は、「九横《くおう》の大難《だいなん》」と厳然《げんぜん》と戦った。悪逆《あくぎゃく》の提婆達多《だいばだった》らの策謀《さくぼう》や誹謗《ひぼう》等に対して。そのなかで、一人一人を最大に尊重《そんちょう》しつつ、着実《ちゃくじつ》に、また堅実《けんじつ》に、うるわしい和合《わごう》の世界を広げていったのである。

ともあれ、来られた人を、「ようこそ、いらっしゃいました！　本当に、ご苦労さまです」と、抱《だ》きかかえるように迎《むか》える。この人間性《にんげんせい》の振《ふ》る舞《ま》いから、すべてが出発することを、リーダーは忘《わす》れてはならない。

農業のあらゆる場で女性の意見を用《もち》いよ

「5・3」記念協議会　2006・3・29（抜粋、『池田大作全集』第100巻所収）

このたび、インドの世界的な農学者《のうがくしゃ》スワミナサン博士と私との対談集が、発刊《はっかん》の運《はこ》びとなった。（＝二〇〇六年四月、『「緑の革命」と「心の革命」』、『池田大作全集』第140巻所収）

スワミナサン博士も、今回の対談集の発刊を、ことのほか喜んでくださっている。（＝博士は、池田名誉会長との対談について「私の人生における最《もっと》も輝《かがや》かしい出来事《できごと》」と述《の》べている）

博士は、核兵器《かくへいき》と戦争の廃絶《はいぜつ》をめざす科学者の団体《だんたい》「パグウォッシュ会議」の会長としても活躍《かつやく》されている。

長年、会長を務《つと》めてきたロートブラット博士の心を継《つ》いで、世界を結《むす》んでおられる。

スワミナサン博士との対談でも、「女性の力《ちから》」が一つの焦点《しょうてん》となった。

かつてインドの食糧危機《しょくりょうきき》を救った「緑の革命《かくめい》」において、ひときわ重要な役割《やくわり》を果《は》たしたのは、名もなき庶民《しょみん》の女性たちであった——博士は、こう強調されている。

すなわち、科学者が、米や小麦の新しい品種を開発しても、その品種が本当に人々に受け入れられるかどうか、実際《じっさい》に見極《みきわ》め、判断《はんだん》するのは、庶民《しょみん》の女性であった。そして、ひとたび、品種の採用《さいよう》を決めると、その「種《たね》」を植え、育て、増《ふ》やして、多くの人々に普及《ふきゅう》させていったのも、女性たちであったというのである。

博士は、述《の》べておられる。

「種子を保存《ほぞん》するときも、農作物を管理するときも、さらには食用としての品質《ひんしつ》を判定《はんてい》するときも、あらゆる段階《だんかい》で女性が中心でした。女性の役割《やくわり》は、多くの場合、過小評価《かしょうひょうか》され、無報《むほう》酬《しゅう》であり、報《むく》われることも、称賛《しょうさん》されることもありません。しかし、それは非常《ひじょう》に重要な役割なのです」

博士は、六十年間、農業にかかわってこられた。その経験《けいけん》のうえから、農業のあらゆる場で「女性」の意見がさらに尊重《そんちょう》され、男女の平等が確立《かくりつ》されるならば、みずから理想とする「永《えい》続的《ぞくてき》な緑の革命《かくめい》」は必ずや成し遂《と》げられると、展望《てんぼう》しておられた。

博士はまた、「女性を大切にすることが、社会にとって、どれだけ有益《ゆうえき》か」について、ご自身の信念を、次のように語っておられる。

「生物学的にも心理学的にも、母親は子どもたちや共同体全体に対して、より大きな愛情《あいじょう》と慈悲《じひ》の心をもっています」

「もしある家庭で女性のために何かをすれば、それはあらゆる人に恩恵《おんけい》を与《あた》える」と。

つまり、女性を励《はげ》まし、大事にすれば、その恩恵《おんけい》は、家族のみならず、まわりの人々にも及《およ》び、広がっていく。結果として、より多くの人が幸せになるというのである。

博士は率直《そっちょく》に〝男性に同じことをしても、そうはならないでしょう〟とも言われていた。

女性に光を当て、女性の意見を重んじ、女性に十分な活躍《かつやく》の機会を開き、女性が最大に力《ちから》を発揮《はっき》できるようにする。そうした「女性のエンパワーメント（女性に力を贈《おく》ること）」こそが社会の発展《はってん》のカギであると、私たちは語り合った。

作詞：農漁光部有志
作曲：橋本正幸

農漁光部歌

誉《ほま》れの英雄《えいゆう》

一、たわわに実《みの》りし　黄金《きん》の波
歓喜《よろこび》満《み》てり　この生命《いのち》
森を育てて　地球をまもる
知恵と工夫《くふう》で　輝《かがや》く灯台
ああ　グリーンパワー　誉《ほま》れの大地

二、銀鱗《ぎんりん》躍《おど》る　大海原《うなばら》に
親子の誓い　奮《ふる》い立つ
鍛《きた》えし技は　未来《よ》のためと
旭日《あさひ》浴《あ》びて　大漁旗《たいりょうき》
ああ　ブルーパワー　誉《ほま》れの大海

三、師弟の絆《きずな》　我が胸に
使命の庭に　同志《とも》と起《た》つ
春を信じて　厳冬《げんとう》の
原野《げんや》に　海に　毅然《きぜん》と挑《いど》む
ああ　農漁光部　誉《ほま》れの英雄《えいゆう》
ああ　農漁光部　誉《ほま》れの英雄《えいゆう》

♩=132
1. たわわに みのりしきん のなみ
2. ぎんりん おどーるうな ばらに
3. していの きずーなわが むねに
よろこびみてり このいーのーち
おやこのちかい ふるいーたーつ
しめいのにわに ともとーたーつ
もりを そだてて ちきゅうをまもる
きたえし わざーは よのため と
はるを しんじて げんとう の
ちえとくふうで かがやくとうだ い
あさひ あびて たいりょう き
げんやに うみに きぜんといどむ
ああ ああ グリーンパワー ほまれのだいち
ああ ああ ブルー パワー ほまれのたい か い
ああ ああ のう ぎょこうぶ ほまれのえい
ゆう ああ のう ぎょこうぶ ほまれのえい ゆう

池田名誉会長が贈る指針
希望の新時代は我らの農漁村から

発行日　２０１５年９月６日
編者　農漁光部指導集編集委員会
発行者　松岡 資
　聖教新聞社
　〒１６０-８０７０ 東京都新宿区信濃町18
　電話 ０３-３３５３-６１１１（大代表）
デザイン　株式会社トランプス
印刷・製本　図書印刷株式会社

定価は表紙に表示してあります
ISBN978-4-412-01577-7